互联网时代大学语文教学策略创新研究

邓　钗　著

九 州 出 版 社
JIUZHOUPRESS

图书在版编目（CIP）数据

互联网时代大学语文教学策略创新研究 / 邓钗著
. -- 北京 ：九州出版社，2021.8
ISBN 978-7-5225-0400-1

Ⅰ．①互… Ⅱ．①邓… Ⅲ．①大学语文课－教学研究
－高等职业教育 Ⅳ．①H193

中国版本图书馆CIP数据核字(2021)第159116号

互联网时代大学语文教学策略创新研究

作　　者　邓 钗 著
责任编辑　云岩涛
出版发行　九州出版社
地　　址　北京市西城区阜外大街甲35号(100037)
发行电话　(010)68992190/3/5/6
网　　址　www.jiuzhoupress.com
印　　刷　定州启航印刷有限公司
开　　本　710毫米×1000毫米　　16开
印　　张　8.75
字　　数　160千字
版　　次　2021年8月第1版
印　　次　2021年8月第1次印刷
书　　号　ISBN 978-7-5225-0400-1
定　　价　45.00元

前　言

　　大学语文是一门最具基础性、综合性的学科。它具有丰富的文化底蕴和人文内涵，是对大学生进行语言、阅读、表达能力训练和人文素质培养的重要基础课程之一。互联网技术的发展对高校的语文教学提出了更高的要求。此外，互联网开放、共享的特点，也促使大学语文教学模式不断进行改革。本书通过对大学语文教学模式、方法等方面的研究，提出了大学语文教学模式改革的思路，以供借鉴。对于大学语文教学，通过将翻转课堂教学模式、现代教育技术等教学方法应用于语文教学的研究，能够改革和优化教学，这值得得我们继续深入思考、研究、实践。

　　本书将大学语文教学和互联网时代背景进行了整合，编写内容讲究实用性，将理论阐述和实践紧密结合。著者将多年的教学经验进行提炼，并在参考大量文献的基础上，力图创作一部研究大学语文教学和互联网时代相结合的作品。

　　由于时间紧迫、水平有限，书中难免存在一些不足和缺点，恳请广大读者不吝批评指正，以便再版时修订，使之日臻完善。

目　录

第一章 概 述

第一节 大学语文教学的内容、目标和特征

一、大学语文的教学内容

大学语文课程主要通过让学生学习语言、文字的基本常识，进一步提高高校学生的口语和书面表达能力，并让学生掌握一定的写作技巧，增强学生的审美欣赏能力、人文素养，为其专业课的学习和日后工作奠定坚实的基础。大学语文也是我国高等教育机构开设的一门主要学科，中国语文教科书一般讲授的是汉语文。在大学语文课程教学的探索和发展过程中，始终围绕着一个焦点问题：如何来定位大学语文这门课程。这也是最基本的、最重要的问题，它直接影响到课程目标、授课内容、考评办法及学生培养方案的制定。根据我国相关文件的精神，提出了大学语文课程设置的基本目标是注重人文性，加强工具性，力求达到人文性、应用性与工具性的完美结合。

大学语文是高校根据学生自身发展要求而设定的专业性课程，是大学语文教学的一部分，也是各专业学生必修的公共基础课，开设一学年 64 课时，通过课堂教学和课外实训着力培养学生文字书写、口语交际、文章赏析和实用写作四大能力，为学生专业课的学习和后续发展，为培养高素质技能型人才及其毕业后就业、创业打好坚实的基础。

我国高校开设大学语文课程，已有很长的历史，与我国教育事业的发展几乎是同步的。早在 1912 年，京师大学堂更名为北京大学时，就提出了开设国文课的要求。在大部分高校的课程设置中，大学语文也是必修课程。大学语文的教学目的是通过文学形式把中华民族的语言文化传承下去，使学生对本国语文的理解、欣赏和表达能力得到提高。其传授的知识内容仅仅是中国文学，对能力的要求主要也是运用中文的水平，而不是进行创作与研究，主要满足的是各专业大学生普遍的、基本的素质要求。

二、大学语文教学目标

知识经济时代要求我们提高语文的应用能力,通过语文学习提高社会活动能力,如公关、交际、商务、广告等。从一定程度上来讲,语文教学与人类社会生活的方方面面密切相关,而高校教育以培养应用型人才为目标。因此,语文教育应当注重应用能力的培养,大学语文教学要以实用为先导、结合专业要求,从听、说、读、写四方面用力,做到口头表达和书面表达的语文能力训练和阅读思考的语文知识训练几方面兼顾,彻底改变过去那种"教师唯一""教材唯一""课堂唯一""讲授唯一""笔试唯一"的做法,努力实现三个转变,即由以教师为中心转变到以学生为中心,以讲授为中心转变到以讨论为中心,以固定课本为中心转变到以阅读课外文字材料为中心。

根据《大学语文课程教学要求(试行)》规定,"大学语文是一门以人文素质教育为核心的,融语文教育工具性、人文性、思想性为一体的公共基础课程"。大学语文教育是高校学生学习各门学科的基础,也是奠定高校学生人文素养、塑造理想人格的重要基础。随着以计算机技术、多媒体技术和网络技术为代表的信息技术的发展及在大学语文教育阵地的实践,通过运用现代化的现代教育技术方法和信息技术手段,使大学语文教学工作的有效性增强,并为其教学目标性的提升奠定基础。当前大学语文教学的主要目标有以下几点。

其一,通过中国文学的学习,提高欣赏水平。大学语文的教学,使学生对中国文学的发展情况、各种文体的特点和民族文化宝库中的瑰宝有比较清楚的认识和了解,感受中华民族的文学精神。引领善于观察的大学生走进文学所创设的意境,提升学生对文学的感悟能力和审美情趣,为他们今后的继续学习、持续发展打下坚实的基础。其二,深化汉语母语教育,提高语言表达能力。在教学中,大学语文创造了一个将文学欣赏与语言素质教育结合起来的机会。民族文学是民族语言高级形态的应用,最能够将这种语言的魅力显示出来。其三,加强语文教学中的情感教育,发挥其人生引导的作用,实现教学的最终目标。在中国古代教育中,语文这个概念是无所不包的。而在现代教育中,语文只是学生各门课程中的一门,情感教育是它区别于其他课程的主要教育功能。

目前,所有的高等院校都要求开设这门课程。尤其是从 20 世纪 90 年代中期开始,我国政府就大力提倡素质教育的发展,并日益重视大学语文对人文修养的培养。例如,中央民族大学和上海交通大学等学校规定本科生必须通过语文标准化考试,考试不合格者不能结业,而且自 2004 年起研究生的考试也把大学语文课程列入其中,这充分说明了大学语文教学课程在现代高校教育中占有举足轻重的地位，是一门不可缺少的教学课程。

三、大学语文教学特征

（一）应用性

毋庸讳言，高校学生数量和质量下滑的现状，给大学语文教育未来的发展提出了更高的要求。评价学生好不好，最重要的指标之一就是看他社会适应能力如何，是不是做到了"学以致用"。以社会需要为依据，明确人才培养目标，深化工学结合、校企合作、顶岗实习、人才培养模式的改革等，已经取得了很多成效。高校的语文课程教学应该采用"宽基础，活模块"的教学模式，使学生既有一定的基础理论，较强的实践操作能力和岗位适应的人文素质，又具有一定的社会竞争能力。教学目标是对接课程衔接和设置的核心，实现教学目标的全面对接，形成一个综合的"平台模块"课程总体结构体系。针对不同专业特点，组织语文教学，添加应用必需的课堂内容，根据学生情况安排不同的社会实践，体现"宽口径、多层次、多模块"的教学原则，即不限于书本知识，尽量贴近社会进行知识延伸；从学生的基础知识入手，深度提高笔头、口头能力，将课程的安排更接近专业特色，如文言文、诗歌教学板块，抓基础教学的同时，对学生进行审美熏陶，即文言文、诗歌板块注重的是审美熏陶，让学生从中感受美、理解美，知道人需要有尊严有体面地活着，而这种审美情趣，能带给他们一生的审美体验，让他们在遭受挫折之后，不至于瞬间"折断"。大学语文教师应该主动增强课程的灵活性，打破传统的灌输式教学，增强教学的实用性和实践性，根据市场需求和区域经济的发展适当调整教学。

（二）人文性

大学语文教学的最大特征就是人文性。何谓"人文"？《现代汉语词典》认为，"人文指人类社会的各种文化现象。"《周易·贲卦·象传》称"刚柔交错，天文也文明以止，人文也。观乎天文，以察时变，观乎人文，以化成天下"。这里的"人文"是与"天文"相对的。"天文"指日月星辰等的运行，从中我们能够辨识出大自然的某种隐秘的运行机制，即程颐所言，"天文谓日月星辰之错列，寒暑阴阳之代变。观其运行，以察四时之迁改也"。"人文"则指人类社会的各种文化现象，正如程颐云，"天文，天之理也人文，人之道也"。人文的含义是非常广泛的，几乎涵盖了与人的活动有关的一切社会现象和文化现象。从这层意思理解，"人文"与"科学"本身并不是对立或并列的。因为从"人文"的词源上分析，它包含着科学，指的是"人类社会的各种文化现象"，自然科学当然不能例外，因为无人能够否认自然科学不是人类的一种文化现象。人文涵盖科学，科学是人文的内容之一。但是，从自然科学涉及的研究对象来看，自然科学更多的是一种"天理之学"，人文科学更多的是一种"人道之学"。科学着重研究物质世界，人文着重研究精神世界。科学研究的方法是实证、逻辑，注重简约性和准确性，人文研究的方法主要是思辨和体悟，注重价值性和内心感受。科学研究的目的是为人类提供改造客观世界的工具，人文研究的目的是揭示人活着的目的与意义，促进人格的完善。由此可以看出，现今将人文与科学分开是基于对人类知识体系内容的划分。

人文素养的灵魂不是"能力"，而是"以人为对象、以人为中心的精神"，其核心内容是对人类生存意义和价值的关怀，这就是"人文精神"，也可以说是"人文系统"。这其实是一种为人处世的基本"德行""价值观"和"人生哲学"，科学精神、艺术精神和道德精神均包含其中。它追求人生和社会的美好境界，推崇人的感性和情感，看重人的想象性和生活的多样化。主张思想自由和个性解放是它的鲜明标志，它以人的价值、人的感受、人的尊严为万物的尺度。审美意识是主体对客观感性形象的美学属性的能动反映，包括人的审美感觉、情趣、经验、观点和理想等。人的审美意识源于人与自然相互作用的过程，自然物的色彩和形象特征如清澈、秀丽、壮观、优雅、净洁等，使人在作用过程中得到美的感受。此外，人也按照加强这种感受的方向来改造和保护环境，由此形成和发展了人的审美意识。审美意识与社会实践发展的水平有关，并受社会制约，同时具有人的个性特征。在当代，审美意识和环境意识的相互渗透作用更加强化。审美意识是人类保护环境的一种情感动力，促进了环境意识的发展，并部分渗入环境意识中成为一方面的重要内容。人对环境的审美经验、情趣、理想、观点等多种形式的审美意识，是环境意识必然包含的内容。

"人人皆可成才"只是一种可能，如何转化为现实，还需要多方面的努力，也离不开扎实的专业课程学习。但是，人文素养和完善的人格是一个学生必不可少的素质，它甚至比"成才"更加重要。因此，大学语文的人文特征显得更加重要，也是高校培养学生人文素质的重要基础课程。

第二节 互联网时代语文教学的内涵及特点

一、互联网时代背景下语文教学的内涵

在 2015 年 3 月 5 日十二届全国人大三次会议上，李克强在《政府工作报告》中首次提出"互联网 +"行动计划。"互联网 +"代表一种新的经济形态，即充分发挥互联网在生产要素配置中的优化和集成作用，将互联网的创新成果深度融合于经济社会各领域之中，提升实体经济的创新力和生产力，形成更广泛的以互联网为基础设施和实现工具的经济发展新形态。"互联网 +"行动计划将重点促进以云计算、物联网、大数据为代表的新一代信息技术与现代制造业、生产性服务业等的融合创新，发展壮大新兴业态，打造新的产业增长点，为大众创业、万众创新提供环境，为产业智能化提供支撑，增强新的经济发展动力，促进国民经济提质增效升级。

"互联网 +"概念已经连续三年被写在政府工作报告中，可见国家对"互联网 +"的重视程度，各界纷纷解读这个概念的内涵与外延。"互联网 +"的潜在含义，可以用一个"互联网 + ？"的公式来表示。在这个公式里，只有一个因素是明确的，那就是互联网，后面加什么，可以自由联想。创造心理学家认为，创新思维的心理学机制就是二元联想。那么，"互联网 +"就是把互联网作为二元中的一元，而另一元可以是任何东西，由此激发的创意可以是无限的。我们不妨从教育的角度来自由联想一番。

"互联网 + 学校"= ？是现在的校校通、班班通吗？是电子书包、电子白板进课堂吗？是，又不是。将网络引进学校和课堂，是大势所趋，但这些只是硬件设备，如果我们的思想不是互联网的，依然起不了任何作用。很多学校虽然联通了网络，但是禁止学生在学校上网，连学生自带的手机和笔记本电脑也要被没收；课堂上虽然有了电脑，甚至每人一个 iPad，且美其名曰电子书包，但只允许学生使用"电子书包"里事先制作的资源，最多只能上学校局域网中的教学平台，学习的内容也紧紧围绕教材和考试大纲，这与互联网何干？与互联网思维何干？

"互联网 + 课堂"= ？是把实体课堂教学录像放到互联网上让大家看？是，又不是。将一些名校名师名课的视频放到网上，有助于优质资源的社会共享，

促进教育公平。如果只是简单照搬，效果可能不好。在网络学习中，要求学习者都花 40 分钟到 1 小时去看一堂课，显然不太适合，这也是 10 分钟左右的微视频（微课）在网上流行的原因。网上学习个性化程度非常高，传统的"课"的概念也应该有所改变，不需要规定固定的上、下课时间，甚至不需要拘泥于学科与专业知识体系结构，而应该让学习者以问题为中心、以个人需要为中心，打破原来的学科知识体系，构建个性化的、有利于问题解决的知识结构。

"互联网＋教师"＝？互联网时代，教师还能像从前那样一成不变地进行教学吗？教师职业还会永远是铁饭碗吗？恐怕未必。举个例子，如果有一天你讲的课，网上有一个教师比你讲得还要好，学生都跑到网上听课去了，你上课的时候大家都在台下玩手机，甚至对你讲的内容提出质疑，你该怎么办？如果你所在的学校决定，让学生通过网络学习某一门公共课程，承认网络学习的学分，原来教这门课的教师会不会面临下岗？著者曾经预言，未来的教师将分为两种：一种是线上讲公开课的明星教师，一种是线下的辅导教师。你相信吗？

"互联网＋学生"＝？如果你是学生，你还会认为只有在课堂上才是学习吗？你走在路上、乘车、游戏、看手机，是不是学习？你还会认为只有考试得高分才意味着学习好吗？你还会认为只有书本里的知识才是有用的，网上的那些看上去零零散散的信息与知识都是无意义的吗？如果你不懂得将那些碎片化的知识整合成有用的知识体系，你将会落后时代一大截。

这样想下去，你会发现，"互联网＋"不是一个简单的相加，加完之后一切都会发生改变，互联网是刀、是斧、是锯，将原来的一切都分解成碎片，然后以互联网为中心重新组建起来，成为新的体系、新的结构。"互联网＋"的本质就是碎片与重构。

"互联网＋"教育的结果，将会使未来的一切教与学活动都围绕互联网进行，教师在互联网上教，学生在互联网上学，信息在互联网上流动，知识在互联网上成型，线下的活动成为线上活动的补充与拓展。未来，整个社会将被互联网连接为一个整体，互联网成为社会这个有机体的大脑与神经中枢，其他方面反而变成它的肌体与末梢。一切事物或多或少都要经历一个从碎片化到重构的过程，这大概就是"互联网＋"的全部内涵。

二、"互联网＋"环境下语文教学的特点

网络信息资源的特点，决定了网络环境下语文教学的特点是教学内容的丰富性、教学时空的开放性、教学环境的情境性、学习过程的自主性和交互性。

（一）教学时空的开放性

传统课堂教学由于时空的限制和评价标准的制约，学生的思维往往囿于课本或教师的教学思维框架之中，难以发展，难于突破。网络环境则可以为学生提供广阔无限的空间。网络互联所形成的海量信息为传统的教学内容拓展了无限的空间，使教育传播不受时间、地点、国界的局限。哪里有网络，哪里就有"教室"，语文学习从时间和空间上向课外延伸，真正打破了明显的校园界限，改变了传统"课堂"的概念。学生的学习范围已不再局限于一成不变的教材。从课堂学习到课外阅读，只要鼠标轻轻一点，古今中外，名篇巨著，尽收眼底。网络环境下语文教学的开放性还突破了教师辅导难题，网络可以轻松地实现单人和多人的对话，这就可以充分地发挥教师在教学过程中的指导作用，更加体现了"因材施教"的教学理念。

（二）教学环境的情境性

网络大量的信息承载为学生提供了丰富的学习素材，并以其传输速度快、交互性渗透性强、多媒体超感观效果等特点，为学生创造出一个全新的虚拟真实空间。在这个空间里，人们可以接触或了解人类已知的一切，甚至人们想象到的或没有想象到的事物都可能存在其中。网络环境下产生的这种虚拟现实，给学生创造了一个身临其境、完全真实的学习环境，使其从中获得真实的感受。网络就这样凭借文本、声音、视频和动画整合的技术，为学生提供一个充满情感和理智的教学情境，看似苍白的言语表达化为生动的语境展示，通过语境的创设引领学生进入一个引人入胜、生动活泼的教学情境，实现了以景触情、以情促趣、以情促思。

（三）学生学习的自主性

网络环境下的语文教学，是一种以学生为中心、以参与为目的的新型教学模式。传统教学中，教师面对的是全体学生，教师所讲的知识点对某些学生来说有可能过难，造成这部分学生"吃"不了；而对有的学生来说则显得过易，致使这部分学生不够"吃"。网络的可选择性就可以很好地处理这个问题。网络环境下的语文教学把选择的权力交给了学生。学生在学习课文时，可以按照个人的需要进行选择，包括教学内容、教学方式、指导教师以及学习顺序的选择、学习时间的分配、重难点的认定、训练时机的把握和训练量大小的安排等，最大限度地发挥了学生的主动性和积极性，为学生实现探究式、发现式学习创造了有利条件。

（四）师生之间的互动性

互动性是现代教学理念的一个重要内容，主要体现在师生之间的交流和学生对教学的参与性。网络环境下的语文教学可以使师生充分运用 QQ、微信、微博、博客等方式进行交流互动。而在一些教学过程中，甚至还可以让学生参与到教学设计中来，如选择学习内容、设计学习程序和设计学习策略等。网络教学的这种交互性、合作性对教学过程具有重要意义，改变了传统教育单向信息传递的模式，有利于发挥学生的主体作用。

第三节 多媒体化语文教学模式

随着计算机技术的不断发展，多媒体计算机技术已被广泛地应用于社会各个领域，其中计算机技术与教育相结合，产生了计算机辅助教学 CAI。实践证明，如果把计算机引入教学过程，让学生积极参与，不仅教学内容精简实用，教学方法灵活多样，还能调动学生学习的主动性，提高教学的质量。语文学科的特性使广大的语文教师能充分利用多媒体计算机收集语文素材，制作图文并茂，形象生动，图、声、文交互性强，界面友好，操作简捷方便、灵活易用、易于控制的语文课件。利用多媒体计算机技术在语文教学中可以发挥其优势，改变传统的语文教学模式，使语文课堂教学更加多姿多彩。

一、多媒体化语文教学模式与传统语文教学模式的比较

（一）模式类型及程序的变化

传统的教学模式是以"讲授—接受"为主的接受式认知模式，也称赫尔巴特教学模式，后在我国盛行为"五段教学法"，即组织教学—复习过渡—讲授新教材—巩固新教材—布置课外作业。虽然这种教学模式对系统知识体系的传授的确具有较好的效果，但模式类型单一，基本上以教师、课堂、书本为中心，忽视学生的主体性，已难以适应时代的需求。而近年来，信息技术与课程整合模式的研究引起了教育技术界的重视，很多专家、学者提出了不少信息技术与课程整合的模式，如何克抗教授提出的讲授、个别辅导、探索、协作等网络教学模式；祝智庭教授总结归纳的个别授导、教学模拟、智能导师、问题解决等 23 种信息化教学模式；李克东教授提出的情境—探究式、小组合作—远程协商式等 4 种数字化学习模式。此外，还有多媒体演示型、网络专题研习型等。这些多样化、偏重学生为主体的信息化教学模式对传统语文教学都是震撼性的冲击。

（二）教学环境的变化

传统的教学环境观认为，教学环境是由学校建筑、课堂、图书馆、实验室、操场及家庭中的学习区域所组成的学习场所。这显然是一种静态的教学环境论。现代教学环境包括物质环境和心理环境两大方面。物质教学环境是"硬环境"，它由教学设备、教学信息和教学组织形式等因素构成。心理教学环境是由学校内部各种人的心理要素所构成的一种无形的"软环境"，是学校教学活动赖以进行的心理基础，它由人际关系、课堂心理气氛、教与学的形式等因素构成。

现代信息技术融入语文课堂以后，教学环境发生了根本的变化。电化教学设备成为教学信息的第一载体，各种特定功能的教学设备在学校教学中有了广泛的使用，如语音室、计算机房、视听室、多媒体教室等，尤其是以计算机为核心的多功能教学设备在教学中的广泛运用，为语文教学构建了一个多媒体、网络和智能有机结合的个别化、交互式、开放性的动态教学环境，使现代物质教学环境发生了前所未有的变化，为现代学校提供了良好的教学环境。此外，教学环境不仅局限于"场所"类的物质环境，还包括教学信息、人际关系、课堂气氛等要素。它与教学活动共存共生。随着教学活动进程的展开，教学环境中的情况和条件也不断发生变化。

（三）教学媒体及作用的转变

教学媒体是指在教学活动中传递教育信息的载体和中介。在传统教学模式中，媒体基本是"教科书＋黑板＋视听媒体"，其中视听媒体还是缺少互动功能的单向传输，传统教学媒体的作用也只是教师讲解和演示用的辅助工具。在信息时代的新型教学模式中，传统的教学媒体正逐渐向现代教学媒体，即向"教科书＋多媒体＋网络"转变。教学媒体的功能不再只是传递教学内容的载体，而是多样化的，不仅作为教师讲解和演示的辅助工具，更用于指导学生主动学习和交流的认知工具、资源环境、交流工具、成果发布工具。总而言之，现代教学媒体不但可以增进学习效果，扩充学习资源，而且可以提高学生的学习兴趣，增进学生的互动、协作，其所能达到的教学效果，远非传统教学媒体所能企及。"计算机只是一连串反应的导火线，是制作面包的发酵粉"。

（四）教学方式及过程的转变

教学方式指各种教学方法的配合方式，甚至不仅包括教师进行教学的方法，还包括学生进行学习的方法及整个教学组织的方式。传统语文教学模式以教为中心，而在多媒体、网络的教学环境下，教学方式在重视教的同时向以学为中心转变。单一的班级授课制转变为个别化教学、小组教学、班级授课、协作学习、远程教育等多种教学组织形式。传统教学方法基于归纳或演绎的讲解，教学过程也按部就班，而基于现代信息技术的语文教学将教学过程转化为师生通过情境创设、问题探究、协商学习、意义建构等活动组织的以学生为主体的学习过程，学生在自我探究、自我发现、自我建构的基础上获得知识、形成能力。教学过程成为课程内容持续、动态的生成与转化以及意义不断建构与提升的过程。

（五）师生角色及关系的转变

传统教学模式中，教师是"传道、授业、解惑"的主体，是知识传递的权威，是课程计划的执行者，是学生学习的控制者。学生在封闭的状态下被动地接受知识，师生关系必然体现着"师道尊严"。师生、生生缺乏双向信息和多向信息的交流。在语文教学信息化整合模式中，教师不仅是教科书的执行者，还是课程的建设者、开发者和教育教学的学习者、研究者；不仅是教学活动的中心、知识的传授者、教学的管理者，更多地成为学生学习和发展的引导者、组织者、合作者。学生角色则从机械接受知识的封闭被动的学习者，变为能动建构知识、操作认知工具、积极寻求合作、参与教学活动的开放主动的学习者、研究者。他们在教师的引导下积极、主动地学习、发现、探索和钻研知识，把握学习的主体地位，真正成为学习的主人。师生角色的变化必然构建新型的师生关系。新型师生关系应该是教师和学生在人格上是平等的、在交互活动中是民主的、相处的氛围是和谐的。

（六）教学评价的转变

教学评价是教学各环节中必不可少的一环，它的目的是检查和促进教与学。传统的教学模式存在着评价主客体单一、方式简单、内容浅显、层次较低等问题。信息技术与语文教学整合的新型教学模式的教学评价有以下特点。

1. 评价客体（对象）重心由教师转向学生。传统教学评价的主要对象是教师，对学生的评价更多地集中于对教师所传授知识接受的数量有多少、掌握程度的深浅等。新模式提倡以学习者为中心，所以教学评价的对象必然从教师转向学习者，评价学习者的学习。对教师评价的出发点则从教变成是否有利于学生的学，是否为学生创设有利于学习的环境及能否引导学生自主地学习等。显而易见，对教师的评价标准是围绕着学习者制定的。

2. 评价主客体的多元化。传统教学评价主客体单一，忽视评价主客体的多源、多向的价值。新模式评价对象除了对教师、学生、教学内容进行评价，还要对教学媒体如多媒体使用、网络教学支撑平台和学习支持服务系统等进行评价。此外，新评价将教师、学生、家长等纳入评价主体的行列，这样，传统的被评价者成为评价主体中的一员。在评价主体扩展的同时，加强评价者和被评价者之间的互动，并在相互沟通协商中，增进双方的了解和理解。易于形成积极、友好、平等和民主的评价关系。

3. 评价方法的多样化。新模式综合采用多种评价方式，如形成性评价和终结性评价相结合，定性评价和定量评价相结合，注意教师的评价、学生的自我评价与学生间的互相评价相结合，还可让学生家长积极参与评价活动等。

4. 评价重过程和综合性。评价重心的转移从过分关注结果逐步转向对过程的关注；评价功能从注重甄别与选拔转向激励、反馈与调整；着重综合评价，从知识与能力、过程与方法、情感态度与价值观几方面进行评价，以全面考察学生的语文素养，将现代信息技术融于语文课程与教学，实现二者的有机整合，探索更新、更丰富的教学模式。这将是 21 世纪我国语文课程发展的一个方向，也是当前语文教学创新的有力"生长点"。

二、多媒体化语文教学模式的进步性

（一）运用信息技术创设问题情境，激发学生思维

在课堂教学中，利用信息技术创设丰富多彩的语文学习情境，直观形象、极易吸引学生的注意力。利用多媒体，对课文进行字体、颜色、动画、视频和音频的处理，配上相应的音乐，加上动画效果，呈现在师生眼前，不断调动学生情绪、兴趣，使语文课堂变得生动、活泼、完整、有序而又重点突出。爱因斯坦曾说过："兴趣是最好的教师。"利用信息技术不仅可以激发学生兴趣，还可以使学生兴趣持久。

（二）运用信息技术架设桥梁，增加学生感知量

在教学中运用多媒体的教学手段，可以使学生获得丰富的表象，从而帮助其思维。在语文古体诗教学中，古诗因其精练、简短，加之年代久远，某些字词意义变化，意境深远，理解起来较困难。而多媒体可以在古人与学生之间架设起一座桥梁，帮助学生领会诗词的意境和情感。例如，教古诗时，学生在理解诗意的基础上体会诗的意境和作者当时的感情，往往蜻蜓点水，体会不深刻，多媒体技术为学生领会诗词的意境和情感充当了媒介，提供了桥梁，实现了思维的转化与跨越。除了古诗，课文中许多脱离现实生活，或距离学生生活实际较远的部分，都可以发挥多媒体虚拟功能，让学生获得现实生活情况下无法获得或不能获得的感性材料。

（三）运用信息技术优化课堂结构，提高教学效率

瑞士心理学家皮亚杰认为，学习者要真正获得知识，主要不是通过教师传授得到的，而是学习者在一定的社会文化背景和情境下，利用必要的学习资

源，通过与教师的协商、交流、合作和本人进行意义建构方式获得。传统的语文教学中，教师在理解教材的基础上，指导学生阅读文本，获取相关的语文知识。教师是知识的传授者、灌输者，学生只是知识的接受者。而信息技术在教学中的运用，可以促进语文教学方式发生根本性的变化，改变传统的一人、一支粉笔、一本书的教学方式。教师可以利用信息技术去启发、引导学生"如何去研究、如何去学"，教学方法由过去的灌输式变为启发式、协作讨论式的教学，学生由被动地接受转为主动探究，教师角色也随之转为学生学习的引导者、参与者和促进者。信息技术成为获取信息、探索问题、协助解决问题的认知工具，有效提升教学效率。

第四节　互联网时代的语文教学模式

一、"互联网＋"环境

（一）概念

互联网有六个特点：跨界融合、创新驱动、重塑结构、尊重人性、开放生态、联结一切。"互联网＋"的提出是源于互联网的第一个特征，即跨界与融合。它强调的是人与环境之间的跨界融合，学科与学科之间的跨界融合，能力、习惯与性格之间的跨界融合，信息技术与教学、科研和学校管理的跨界融合。互联网环境，即网络环境，是指构成国际互联网、与国际互联网相连的局域网络物理空间的各种硬件设备，以及形成网络正常运行空间的各类软件。一方面指构成教学环境有机因素的各种网络技术，包括网络自身和以网络为载体的 QQ、微信、微博、博客等；另一方面指运用网络技术营造出来的教学环境或教学赖以开展的背景。网络信息是指网络上储藏着的各种形式的信息的集合，包括信息内容本身、记录信息的载体、信息的表达形式、信息组织的结构和信息传播的手段等要素。学校里的网络环境有两种，一种是相对封闭的网络教室，它的网络可以由网络教室服务器和教师机进行控制；另一种是开放的与互联网直接连接的校园网，校园网上的每一台计算机都可以直接上网，并可以进行校园网上的互访，实现跨越学校、国界的资源共享。

（二）互联网信息资源的特点

网络信息资源极为丰富，取之不竭，用之不尽，不但在数量上具有海量的特征，种类也丰富繁多。在网络信息中，除文本信息外，还包括大量的非文本信息，如图像、声音信息等，呈现出多类型、多媒体、非规范、跨地理和跨语种等特点。

网络信息呈现开放状态。网络信息被存放在网络计算机上，所有信息均对外开放，信息资源分布呈现分散、开放状态，它突破了时间和空间的限制，可以实现随时随地的学习。每一个人都可以自主地去寻找自己所需要的资料，没有地域和时间的限制。

网络信息能够实现共享。网络的大门对任何人都是敞开着的，人们可以自主地去寻找自己所需要的资料，既可阅读，又可下载。网络信息除了具备这些一般意义上的信息资源共享性，还表现为一个互联网网页可供所有的互联网用户随时访问，不存在传统媒体信息由于副本数量的限制所产生的信息不能获取现象。

网络信息资源具有时效性。网络信息的时效性远远超过其他任何一种信息，网络媒体的信息传播速度及影响范围使信息的时效性增强。此外，网络信息增长速度非常快，更新频率也非常高。

网络信息可以自由选择。网络信息被存放于网络计算机上，随时随地可供学习者阅览。学习者只要打开电脑登录互联网，就像进到了一个很大很丰富的仓库，学习者想浏览什么内容都可以自由选择。网络信息比传统信息具有更强的可选择性。

网络信息使用经济。网络信息资源非常丰富，且具有开放性、共享性、时效性和选择性，使它成为一种低成本、高产出的可再生资源。人们花很少的投入，也能尽情享用。在当前，使用网络教学是一种比较经济的行径。在教学过程中，教师通常要为学生准备各种各样的资料，无论是复印还是打印，和网络本身相比较花费都是很大的，而使用网络中的共享资源则经济得多。

二、互联网环境下的语文教学模式

"互联网＋"环境下的语文教学是一种依托丰富的网络资源，运用现代信息技术，快节奏、高效益地实施语文教学的新型教学形式。它主要依靠互联网和校园网实施教学活动。它更多地以师生、生生之间的平等交流和共同探索的状态呈现出来，而且始终受制于网络环境。在这里，"教学"这个概念在教与学两个主体方面均被赋予新的内涵。其中，"教"不排除教师必须进行的讲授行为，但应当更多地理解为教师的指导和参与；"学"也不排除学生必须接受的基本传授，但应当更多地理解为学生的自学与研究。网络环境下的语文教学信息量大，自主性强，合作程度高，极具挑战性和创造性。

（一）与传统语文教学区别

网络环境下的语文教学，引发教育理念、教师角色、教学内容、教学方式以及学习方式等方面的深刻变革，完全改变"以课堂、书本、教师为中心"的传统教学模式，对传统教学产生巨大的冲击和深刻的影响。这种新型的教学与传统语文教学的区别主要有以下几点。

1.互动的协作性

这里的协作包括师生、生生之间的协作。在传统教学中，虽然教师与学生、学生与学生同在一个空间里，但相互之间的交流极为有限。教师难以实施适合学生需要的教学方式，教学内容、教学策略、教学方法和教学步骤等都是教师事先安排好的。教师与学生之间较多发生的是一种单向广播式作用，学生很难有机会系统地向教师表达自己对问题的看法以及他们解决问题的具体过程；同班同学之间就学习问题进行交流的也极少，更不用说和外地的学生交流与协作了。网络为师生、生生之间能在教学中友好相处、交流合作提供了良好环境和便利手段。从师生合作来看，网络教学改变了传统教学中师生之间的结构关系，也改变了师生既有的角色地位，使二者容易建立起齐学共融关系，甚至可能出现教师后学于学生的情况。因此，向学生学习，把学生视为亲密的合作者，成为现代语文教师应具有的非常重要的教学理念。从学生之间合作关系来看，网络教学为学生合作提供了广阔空间和多种可能，使个性化学习成为现实。学生可以自助、自主从事学习活动，根据自我情况安排学习，也可以通过交流商议、集体参与等方式实现合作学习，并在合作中提高学习兴趣和学习效率，通过贡献智慧，分享成果，进而学会合作。

2.自主的创新性

传统教学在很大程度上束缚了学生的创造力。各种教学活动都是把学生置于共同的影响之下，让学生读相同的教材、听相同的讲授和参考相同的资料。教学的各种措施都是在同化人性，用统一的内容和固定的方式来培养同一规格的人才，使学生的个性得不到充分发挥，学生的学习需要难以完全满足。教师只能根据大多数学生的需要进行教学，即使是进行个别教学，也只能在有限的程度上为个别学生提供帮助。网络教学可以进行异步的交流与学习，学生可以根据教师的安排和自己的实际情况进行学习，克服了传统教学中人为的"一刀切"现象。学生和教师之间通过网络交流，及时发现自己的进步和不足，及时调整学习。利用网络可在任何时间进行学习或参加讨论及获得在线帮助，从而实现了真正的个别化教学。此外，网络中有大量的个性化教育资源，为学生个性化学习提供了前所未有的选择余地。

3. 知识的整合性

传统教学以书本知识的静态传授为最主要的目标之一。而网络教学非常强调教学中知识信息资源的多元化，并且根据教学的要求，通过提供对现有多种资源进行再次利用的技术方式，与其他学科整合。在这种整合模式下，教师和学生运用信息技术手段分别进行教学和学习。教师根据教学目标对教材进行分析和处理，决定用什么形式来呈现什么教学内容，并以课件或网页的形式呈现给学生。学生接受了学习任务以后，在教师的指导下，利用网络信息资源进行个别化和协作式相结合的自主学习，并利用信息技术手段完成任务。最后，师生一起进行学习评价、反馈。在整个教学过程中，学生的主体性和个别化得到了充分的体现，这样的教学氛围十分有利于学生解决问题的能力和创新精神的培养。

（二）与传统多媒体教学区别

多年来，传统多媒体教学的推广和应用无疑为提高课堂教学效率、促进教师教育观念的转变起了一定的作用，但传统的多媒体辅助教学仍主要是遵循行为主义的理论模式，基本上是以教师为中心呈现教学内容，学生被动或机械练习，因材施教的效果不够理想。而网络环境下的教学是一种在教师指导下学生自主建构学习的活动，教学过程中学生是知识学习的主动建构者，外界信息经过教师的组织、引导，学生主动建构，转变为学生自身的知识。网络环境下的教学充分发挥了教师主导学生主体的作用，形成优化的课堂教学模式和结构。新型"互联网＋教育"对教师来说，丰富了教学的手段。从互联网学习调查来看，教师使用互联网的行为开始发生在课堂教学时间段内，表示课堂教学具有了开放性、个性化特征；传统"辅助式"教学应用行为仍然是教师使用互联网的基本取向，"在线学习类"新型应用方式逐渐受到了关注。

（三）"互联网＋"环境下语文教学的基本模式

网络给语文教学开创了一片全新的广阔的天地。语文教师要打破传统课堂的封闭围墙，利用网络资源的海量化、形式的多样化、活动的交互性等特点来创设最佳的教学情境，优化教学手段，实现学生在教学活动中的主体转变，创建出新型的教学模式，让网络为语文教育服务。语文教学中，教师探讨最多的是综合性学习、阅读教学和作文教学，所以下文就这三种形式介绍它们基本的教学模式，即专题探究模式、阅读教学模式和作文教学模式。

1. 专题探究模式

网络环境下的专题探究是指在现代教育理论的指导下，学生在教师的引导、帮助下自主确定主题，并充分利用网络平台，主动搜集信息、阅读信息、加工信息和创造信息，从而达到拓宽知识面、获取丰富体验、提高创新精神和实践能力的教学活动。在语文专题探究教学中，学生在语文教师的指导下确定主题，并围绕主题广泛搜集、阅读、整理相关材料，进行专题研究和讨论，形成有独到见解、有一定价值的结论。这种课型有以下特征。①主题的丰富性、灵活性。主题可以是内容方面的，也可以是艺术方面的；可以是比较异同的，也可以是单纯求同或单纯求异的；可以很大，也可以很小；可以由教材提供和教师提供，也可以由学生自己选定。②信息容量大、外延宽。它可以是纯语文的，也可以是多学科的；可以是纯课内的，也可以是纯课外的，或课内课外结合的。网络专题探究是信息社会借助互联网络进行阅读的典型方式，也是开展科学研究时查找资料、研读文献所用的最主要的研究方式。专题探究教学的操作流程一般为确定主题、设计方案—搜集资料、自主探究—成果交流、评价总结。

确定专题，设计方案。探究专题的确定直接影响探究活动的质量和学生探究的热情。在引导学生确立探究专题时既要体现学生的自主性，又要把握专题的可行性和价值意义，既要体现语文性，又要体现综合性。从专题确立的步骤维度来看，可以分为大主题的形成和小专题的确定，既有小范围内的各求所需，又有大范围内的相对统一，以利于资源共享和深入挖掘。

主题搜索，自主探究。这一环节是指根据探究方案，通过有目的的检索、有深度的阅读和有创新的加工，验证假设，形成解释，获得结论的过程。它是整个学习过程的核心，同时对学生在网络环境下学习的能力提出了较高的要求。如果不顾学生的实际水平让学生自主探究，势必会影响探究质量，挫伤学生的探究积极性。因此，应坚持从指导到放手、从课内到课外、从网络辅助到驾驭网络的原则，循序渐进地提高学生的网络学习能力。例如，我们在运用这一模式开展探究活动之前，要先立足于课堂、立足于课文，运用网络环境下的超文本整合、问题指导和互动拓展三种阅读教学模式开展教学活动，重视网络学习技能的提高和网络学习方法的指导，使学生掌握收集信息、筛选信息、整合信息和创造信息的一般方法。这样，学生才会更容易地过渡到更多信息量的加工与处理过程。在探究的过程中，还要灵活处理好独立与协作的关系，因为并非事事都要协作。独立探究以深思、钻研、独辟蹊径见长，协作讨论以共享、多角度启发、即时生成见长，两者在某些探究环节可以交叉使用，互为补充。

展示交流，评价总结。展示交流的过程是发布探究成果、学习分享成果的过程，是思维火花不断碰撞的过程。学生在交流过程中应该学会客观分析和辩证思考，敢于和善于思辨。由于是在网络环境下，成果的交流可以是并行式的，也可以是单向式的，最大可能地促进生生之间的交互。考虑学生的年龄特点和网络优势，成果的交流不必拘泥于小论文，可以有很多形式，如主题网页、多媒体文稿、创意图画、激情演讲和统计图表等。根据成果交流的需要，既可以是同步的，成果发布在网上就可以获得评点与交流的机会，又可以是异步的，选择任意适当的时间和地点进行成果品评和交换意见。

评价总结要从两个方面入手。一是贯穿整个探究过程的形成性评价，以促进学生发现自己的不足和潜力，得到更大程度的发展；二是探究活动接近尾声时的阶段性评价，以促进学生对一个阶段的学习进行反思，在加深知识内化过程的同时进一步提高探究意识和能力。形成性评价既是改革传统教学的有力举措，又是网络环境下学习活动的优势所在，应该得到特别的重视。首先，在学习进行前为学生提供评价工具，对学生的自主探究起到导向的作用，如适时地提供探究方案设计量规、小组合作量规、收集与分析信息量规、探究成果量规和学生作品范例等评价工具，让学生适时地明确学习任务和学习要求，提高学习效率。其次，利用网络平台储存过程性学习记录，便于教师和学生分析学习行为，找出差距，有针对性地进行个别辅导。再次，要为自评与互评设计良好的氛围，及时反馈在线评价信息，让学生在多角度会话过程中自主建构专题知识，体验探究的经历与情感。

网络环境下的专题探究教学不再局限于教材中某篇课文的学习，不受教材的束缚，以学习者的兴趣与需要等内部动机为基轴确定专题，在探究过程中学生的语文知识综合运用和听说读写能力得到整体发展，他们的思维在广阔的网络天空随意地跳跃，完成了真正意义上的自主学习和探究性学习。可见，网络环境下的专题探究是开展语文综合性学习的核心模块，它不仅能够培养学生创新精神和实践能力，提高学生的综合素质，还为开展语文综合性学习乃至开展综合实践活动课程奠定坚实的基础。

2.阅读教学模式

语文教学应充分利用网络优势，构建新型的开放的语文阅读教学模式。这种新型的教学模式为充分运用现代信息技术，依托丰富的网络资源，有目的、有计划地指导学生在课堂上进行阅读实践，以培养学生的语文能力，提高学生的语文素养。网络环境下的语文阅读教学由一个中心（学生的发展需要）、三个基本要素（教师、学生、网络）构成。教师是教学过程的引导者；学生是课堂教学的主体，实质性地参与教学过程，能积极主动地利用网络交互工具获取学习资源，协作共享交流，完成学习任务，发布学习成果；网络提供阅读所需的丰富信息和交互工具。以教师为间接主导，以学生为直接主体，以网络为信息媒介，三位一体，立体直观。

在该教学模式下，尽管学生对网络的操作水平提高了，并尝试运用多种网络交互手段，但教学的基本点还是引导学生更全面、更深刻地解决课文的重点问题，注重对课文的整体把握和深入思考，追求阅读的"质"，要求学生在网络环境中能够快速浏览信息，筛选信息，处理信息，形成较强的网络阅读能力和创新能力。一般而言，网络环境下的语文阅读教学过程包括"五步、两点、一线"。"五步"指阅读教学的五个步骤，可用"导—感—研—议—结"五个字来概括；"两点"指自主探究和交流对话两个基点；"一线"指以读代讲为主线。这种教学模式可以简称为"五步、两点、一线"阅读教学模式，其基本流程如下。

创设情境，导入课题。建构主义学习理论强调创设真实情境，把创设情境看作意义建构的必要前提，并作为教学设计的最重要内容之一。语文是教育资源最丰富、与现实生活联系最密切的一门学科，网络更为语文学习提供了丰富的教学资源。网络作为创设真情实境的有效工具，具有视听结合、声形并茂、形象直观的特点。教学一篇课文时，能充分利用网络媒体创设具体生动的情境，可以激发学生的学习兴趣和求知欲望，充分调动学生学习的积极性、主动性和创造性。课堂伊始，从学生的学习心理和需要出发，根据当前学习主题，一方面可以创设尽可能真实的情境；另一方面，可以激发学生认知需要，引导学生进入课文情境，产生强烈的学习动机，进入最佳的学习状态。

整体感知，提出问题。学习一篇课文时，先要读通课文，整体感知课文大意，这是阅读教学的基本要求。一方面，可以通过网络手段让学生更快地掌握生字新词的音、形、义；另一方面，可以适当补充网络信息资源，扩大课文的知识背景，让学生更容易理解课文大意，从而激发学生深入学习课文的欲望。教师让学生感知课文，并适时让学生明确拓展阅读的内容、方向，选择与当前学习主题密切相关的问题作为学习的中心内容。在这个阅读教学模式中，问题是重要的载体，它既是思维的起点，又是思维的动力；既是深入学习课文的切入口，又是在网络环境下交互学习、浏览信息的出发点。问题可以由学生自己思考确定，也可以由教师提供。不管由谁得出，都必须是能够统领课文学习的几个中心问题，它们不仅能引起争论，还能将讨论一步一步地引向深入。解决这几个问题成为贯穿整篇课文学习的主线。这样，学生通过自己去读书，去思考，并结合自己通读的体验和感悟，进一步明确课文学习的目标和方向。

网上冲浪，自主探究。叶圣陶说过："课本无非是一个例子。"互联网时代，利用图书馆、网络等信息渠道尝试进行探究性阅读至关重要。因此，阅读教学应该充分利用网络特有的优势，引导学生开展网上阅读。学生通过网上冲浪，搜索符合要求的资料，为解决问题积极做准备。开放的网络环境使学生能够获取更多的学习信息，使学生对原文加深了理解，拓宽了知识面。网络的无限容量，使语文教学所需要的资料大量储存，而面对大量的原始材料，大多数学生受年龄、心理、能力等多种因素的影响，很难快速、准确地获取所需信息，教师应该具体指导学生如何阅读、处理网络信息。首先，指导学生怎样根据所要解决的问题选择相关的网上资源，为他们提供充分的信息资料，如教师列出超链接的文章标题，指导学生根据标题筛选信息等；其次，在阅读教学时，指导学生紧扣问题快速阅读相关信息，不要被无关信息干扰，让学生在信息面前学会选择，学会思考，形成良好的自学习惯；再次，要教学生学会使用信息，既可以通过网络信息丰富感性认识，又可以运用精练的语句概括网络信息，补充课文中没有讲到的要点；最后，进行必要的提示和启发，并密切关注学生学习进展，建立敏感的反馈系统，在学生遇到困难时及时帮助，防止学生产生过强的挫折感，丧失学习信心。

3. 作文教学模式

写作是运用语言文字进行表达和交流的重要方式，是认识世界、认识自我、进行创造性表述的过程。写作教学应贴近学生实际，让学生易于动笔，乐于表达。应引导学生关注现实，热爱生活，表达真情实感。大学语文教学内容编制可依据高校学生心理发展调整课程内容，主动适应社会需求。根据现代科学及学科发展的新变化，应组合、选择或增加新内容，更新教学手段，采用新的教育技术。而今，科学技术的发展，计算机网络的普及，为教学的改革和发展提供了一个新的平台。同阅读方式一样，在信息技术的冲击之下，写作方式也发生了重大变革：一是从手写走向键盘输入、扫描输入、语音输入；二是图文、声形并茂的多媒体写作方式；三是超文本结构的构思与写作。作为语文教师应该随着网络文化的兴起与发展，在作文教学中摸索出一条网络作文教学新模式，充分利用网络资源，结合课本知识和学生的阅读水平，把各种优秀的文学作品，通过网络传媒工具引入课堂，让学生在这些优秀的文学作品中陶冶心灵，塑造自我，培养学生欣赏美、鉴别美、创造美的能力，让学生在特定的环境中学会运用语言文字这种认知和交往的工具，表达自己的所见、所闻、所感，培养学生的写作能力和写作素养。网络环境下作文教学的操作流程一般为确定文题、创情激趣——网上浏览、开源导流——说说议议、网上写作——网上发表、互评互改——归纳总结、共同提高等。

第五节　高校教育课程体系中的大学语文

许多专家和学者都对人文精神做过解释。学者刘梦溪曾在自己的著作中对人文学科和社会学科进行了表述，她认为，社会学科主要包括政治学、经济学、社会学、法学等学科，而人文学科则包括语言学、历史学、哲学、艺术学等学科。她又指出，虽然社会学科和人文学科都是以"文"为根本研究基础的，但是相对来看，人文学科与人的发展更加接近，甚至可以说人文学科本身就是研究"人"的学科。语言是人类发展的基本特征，文学是人类思想的一种体现，历史是人类记录和记忆的发展，哲学是人类思想的根本结果，所有的这些都与人的发展有着密切的联系，因此对人文学科的研究和学习也应该具备人文精神。学者杜世忠曾指出，人文精神的核心主要包括五个方面的内容：一是要以人为本；二是要尊重个人的意愿、尊严和自由；三是要有完人的思想；四是要强调人的精神实质；五是要注重发扬人的价值观念，提升人的文化素养和水平。人文精神在人的发展中就像一根线贯穿到人的生命中，它不仅体现着一个人的整体素养，还表明人的成长与进步。所以，人文精神并不是平面中的几个点，而是贯穿到整个人类发展的一个面，人文素养的发展是一个动态立体的过程。那么，高校教育课程体系中语文教学为什么要坚持人文素养呢？这与语文学科本身存在的价值和高校学生自身的发展是分不开的。

高校教育课程体系中语文课程的教学定位之所以坚持人文性主要有以下三个方面的原因。

一、语文学科自身的任务和发展的需要

语文学科在学校的教学体系中一直处于基础性的地位，任何学校和学习的阶段都离不开语文学科的教学。语文本身就是一门综合性的人文学科，其任务不仅是要指导学生的语言学习，更重要的是要培养学生的语言应用能力，以及学生是否可以通过文字和语言去表情达意，是否能够利用文字和语言承载自己的情、意、理、趣。也就是说，语文教学本身的任务不仅要指导和组织学生大量的学习语言、文字，通过对古今中外的文学著作的学习，探究各个阶段的历史和朝代的文学现象，还要组织和学生通过对文字的学习和理解去探究世界，去观察社会和人生，能够通过书写和讲述表达自己的见解和看法，能够将自己

的真情实感表述出来，所以"文章并不是无情物"，语文教学包含着巨大的人文价值，能够帮助人们更好地去认识这个世界，去理解他人。

二、有利于发挥大学语文的应用特性

大学语文教学并不是简单的语文知识讲授，更重要的是要与学生的未来发展相适应，不仅要培养学生的听说读写能力，还要学生能够将所学的语文知识真正地应用到实际生活和职业发展中，这深刻说明人从事具体活动的能力具有综合性质。所以，语文的听说读写能力不是单纯的专门能力，它是一种综合能力。之所以认为听说读写是一种综合能力，是因为这看似简单的能力其实在本质上体现了人们在语言、心理活动以及操作能力等方面的熟练程度，熟练程度越高，说明越具有很强的综合社会能力。此外，这一本质上的反应也可以看出，听说读写能力主要由语言、听说读写知识和技能、相当的认知水平和人文素养三部分组成。语言是我们进行人与人之间的交流沟通的基本工具，听说读写知识和技能是一个人思想观点、行为规范、道德准则的反应，这是衡量一个人知识能力的重要标准之一。我们在完成听说读写这一过程以及完成程度的好坏，主要取决于个人的认知水平和人文素养。所以，当教师在向学生传授最基本的语法规范和基本的社会生存知识时，除了要关注学生掌握的熟练程度，还需要关注学生的精神层面，在潜移默化中向学生传授正确的价值观念和人文理念，确保学生在掌握基本的知识和能力的同时可以不断地提升文化素养。

三、是以学生发展为目标的要求

就高校学生而言，开展大学语文课程，提升学生人文素养是学生职业性发展目标的要求。加强高校学生的听说读写能力培养、提升文学知识储备，可以帮助高校学生树立正确的社会责任感和工作态度，将高校生培养成有道德、有责任、有奉献精神和职业精神的优秀职业人。对于许多用人单位来说，除了最基本的职业技能，从业者本身的思想道德素质也是极其看中的一部分。一个具有优秀道德品质但职业能力略差的工作者要远远优秀于只拥有高超的实践技能但人品极差的职业者。在能力和道德之间，只有道德没有能力的人是可悲的，只有能力没有道德的人却是可怕的，因为职业能力上的欠缺可以借助优秀的思想品质进行学习，而没有良好的从业精神和道德品质，不仅会给整个企业带来极大的损失，还会成为危害社会的不安定分子。这就告诫我们，在对高校在校生进行职业能力培养的同时，不能忽略精神文化的建设，只有坚持兼顾职业技术和文化素养，才是高校的根本人才培养目标，才会为社会培养出健全优秀的人才。不论是任何一个方面的缺失，都会给社会带来隐患。因此，加强高校人文性教育是符合学生职业发展的。

第二章　互联网时代实施大学语文教学的理论基础

第一节　建构主义理论

建构主义也称作结构主义，其代表人物有皮亚杰、科恩伯格、斯滕伯格、卡茨、维果斯基，是认知心理学派中的一个分支。皮亚杰是认知发展领域最有影响的一位心理学家，他所创立的关于儿童认知发展的学派被人们称为日内瓦学派。皮亚杰关于建构主义的基本观点是，儿童是在与周围环境相互作用的过程中，逐步建构起关于外部世界的知识，从而使自身认知结构得到发展。儿童与环境的相互作用涉及两个基本过程：同化与顺应。同化是指个体把外界刺激所提供的信息整合到自己原有认知结构内的过程；顺应是指个体的认知结构因外部刺激的影响而发生改变的过程。同化是认知结构数量的扩充，而顺应则是认知结构性质的改变。认知个体通过同化与顺应这两种形式来达到与周围环境的平衡。当儿童能用现有图式去同化新信息时，他处于一种平衡的认知状态；而当现有图式不能同化新信息时，平衡即被破坏，而修改或创造新图式（顺应）的过程就是寻找新的平衡的过程。儿童的认知结构就是通过同化与顺应过程逐步建构起来，并在"平衡—不平衡—新的平衡"的循环中得到不断的丰富、提高和发展。

建构主义理论的一个重要概念是图式。图式是指个体对世界的知觉理解和思考的方式，也可以把它看作心理活动的框架或组织结构。图式是认知结构的起点和核心，或者说是人类认识事物的基础。因此，图式的形成和变化是认知发展的实质，认知发展受三个过程的影响：同化、顺应和平衡。建构主义学习理论是20世纪80年代末、90年代初兴起的一种学习观，其建构的观念可追溯到皮亚杰和早期布鲁纳的思想中。20世纪70年代末，布鲁纳等人将苏联教育心理学家维果斯基的思想带到美国，受其影响，建构主义思想得到了进一步发展。

建构主义者认为，世界是客观存在的，但是每个人对世界的理解以及对世界所赋予的意义是不同的。人们以自己的经验来理解世界。由于人们的经验各不相同，对世界的解释也就大不相同。古宁汉认为，"学习是建构内在的心理表征的过程，学习者并不是把知识从外界搬到记忆中，而是以已有的经验为基础，通过与外界的相互作用来建构新的理解。"建构主义认为，"知识不是通过教师传授得到的，而是学习者在一定的社会文化背景下（一定的情境），借助其他人（教师和学习伙伴）的帮助，利用必要的学习资源，通过意义建构方式获得的。"它强调学生在学习过程中处于核心地位，教师应当充分利用丰富的教学资源和灵活多样的教学手段，帮助学生建构知识，促使学生由"要我学"向"我要学"转变。建构主义理论的内容很丰富，但其核心可以概括为以学生为中心，强调学生对知识的主动探索、主动发现和对所学知识意义的主动建构（而不是像传统教学那样，只是把知识从教师头脑中传送到学生的笔记本上）。

建构主义教育理论认为，知识是相对的和不断变化的，不能通过直接传授的方法教授给学生，而必须依靠学生积极主动地建构，即学习者在一定的情境和社会背景下，借助他人的帮助，充分利用各种学习资源，通过意义建构而获得。由于知识是在一定的情境下借助他人的帮助而实现的意义建构过程，因此"情境创设""协作学习""会话交流"和"意义建构"是学习环境中的四大要素。其中，"情境"是指学习者学习活动的社会文化背景，它有利于学习者对所学内容的意义建构。因此，教学设计不仅要考虑教学目标分析，还要考虑不利于学生建构意义的情境创设问题，并把情境创设看作是教学设计的重要内容之一。"协作"是指学习者在学习过程中教师和同学的相互作用，协作发生在学习过程的始终。"会话"是协作过程中不可缺少的环节，是建构的重要手段之一，学习小组成员之间必须通过会话商议如何完成规定的学习任务计划。"意义构建"是整个学习过程的最终目标，其建构的意义是指事物的性质、规律以及事物之间的内在联系。在学习过程中帮助学生建构意义就是要帮助学生对当前学习内容所反映的事物的性质、规律以及该事物与其他事物之间的内在联系达到较深刻的理解。这种理解在大脑中长期存在的形式就是图式，也就是关于当前所学内容的认知结构。同时，对于许多学科，特别是人文学科来说，应该鼓励学习者建构出他自己独特的意义，形成他自己独特的认知结构。

建构主义提倡在教师指导下的以学习者为中心的学习，也就是说既强调学习者的认知主体作用，又不忽视教师的指导作用。教师是意义建构的帮助者、促进者，而不是知识的传授者与灌输者；学生是信息加工的主体，是意义的主动建构者，而不是外部刺激的被动接受者和被灌输的对象。信息网络的基本特征和它映射于语文教学所体现出来的特征，契合于建构主义的基本理论需求。网络信息的丰富多彩为探究问题达到深层理解提供了材料上的保证，网络的空间特征满足了语文教学创设学习情境并对之实施及时动态的有效控制的空间要求。网络传播的解构功能不仅可以增强学习者的兴趣和挑战心理，还是促成学习者对周围瞬息万变的真实信息世界进行理解性重构的重要因素之一。建构主义理论是网络环境下实施语文教学的重要理论基础。

建构主义的教学思想有以下内容。

（1）建构主义的知识观。首先，知识不是对现实的纯粹客观的反映，任何一种传载知识的符号系统也不是绝对真实的表征。它只不过是人们对客观世界的一种解释、假设或假说，它不是问题的最终答案，它必将随着人们认识程度的深入而不断地变革、升华和改写，出现新的解释和假设。其次，知识并不能绝对准确无误地概括世界的法则，提供对任何活动或问题解决都实用的方法。在具体的问题解决中，知识是不可能一用就准、一用就灵的，而是需要针对具体问题的情景对原有知识进行再加工和再创造。再次，知识不可能以实体的形式存在于个体之外，尽管通过语言赋予了知识一定的外在形式，并且获得了较为普遍的认同，但这并不意味着学习者对这种知识有同样的理解。真正意义上的理解只能是由学习者自身基于自己的经验背景而建构起来的，取决于特定情况下的学习活动过程。否则，就不叫理解，而是叫死记硬背或生吞活剥，是被动的复制式的学习。

（2）建构主义的学习观。第一，学习不是由教师把知识简单地传递给学生，而是由学生自己建构知识的过程。学生不是简单被动地接收信息，而是主动地建构知识的意义，这种建构是无法由他人来代替的。第二，学习不是被动接收信息刺激，而是主动地建构意义，是根据自己的经验背景，对外部信息进行主动地选择、加工和处理，从而获得自己的意义。外部信息本身没有什么意义，意义是学习者通过新旧知识经验间的反复的、双向的相互作用过程而建构的。因此，学习不是像行为主义所描述的"刺激—反应"那样。第三，学习意义的获得，是每个学习者以自己原有的知识经验为基础，对新信息重新认识和编码，建构自己的理解的过程。在这一过程中，学习者原有的知识经验因为新知识经验的进入而发生调整和改变。第四，同化和顺应是学习者认知结构发生变化的两种途径或方式。同化是认知结构的量变，顺应则是认知结构的质变。同化—顺应—同化—顺应……循环往复，平衡—不平衡—平衡—不平衡，相互交替，人的认知水平的发展，就是这样的一个过程。学习不是简单的信息积累，更重要的是包含新旧知识经验的冲突，以及由此而引发的认知结构的重组。学习过程不是简单的信息输入、存储和提取，是新旧知识经验之间的双向的相互作用过程，也就是学习者与学习环境之间互动的过程。

（3）建构主义的学生观。第一，建构主义强调，学习者并不是空着脑袋进入学习情景中的。在日常生活和以往各种形式的学习中，他们已经形成了有关的知识经验，他们对任何事情都有自己的看法。即使是有些问题他们从来没有接触过，没有现成的经验可以借鉴，但是当问题呈现在他们面前时，他们还是会基于以往的经验，依靠他们的认知能力，形成对问题的解释，提出他们的假设。第二，教学不能无视学习者已有的知识经验，简单强硬地从外部对学习者实施知识的"填灌"，而是应当把学习者原有的知识经验作为新知识的生长点，引导学习者从原有的知识经验中，形成新的知识经验。教学不是知识的传递，而是知识的处理和转换。教师不单是知识的呈现者，不是知识权威的象征，而应该重视学生自己对各种现象的理解，倾听他们当下的看法，思考他们这些想法的由来，并以此为据，引导学生丰富或调整自己的解释。第三，教师与学生、学生与学生之间需要共同针对某些问题进行探索，并在探索的过程中相互交流和质疑，了解彼此的想法。由于经验背景差异的不可避免，学习者对问题的看法和理解经常是千差万别的。其实，在学生的共同体中，这些差异本身就是一种宝贵的现象资源。建构主义虽然非常重视个体的自我发展，但是也不否认外部引导，即教师的影响作用。

第二节　系统科学理论

系统科学理论是研究一切系统的模式、原理和规律的科学。它是在系统论、控制论、信息论（简称"旧三论"）的基础上发展起来的，并逐渐出现了耗散结构论、协同论、突变论（简称"新三论"）。系统科学理论既是现代自然科学、社会科学、思维科学发展和综合的结果，又是现代科学研究的一般方法论。系统科学理论对现代科学的跨越式发展起到了极大的推动作用，对其他学科具有方法论的指导作用，对教育科学这一涉及诸多学习变量和教学变量的复杂系统更是具有积极的启发意义。系统科学对教学技能的学习与训练也具有积极的指导作用。

一、系统论、控制论、信息论概述

（一）系统论、控制论、信息论

1. 系统论

系统论的主要创立者是美籍奥地利生物学家贝塔朗菲。1937 年，贝塔朗菲第一次提出了"一般系统论"的概念，1968 年，其专著《一般系统论——基础、发展和应用》总结了一般系统论的概念方法和应用，为系统科学提供了纲领性的理论指导。该理论把自然界、人类社会及人类思维都看作具有不同特点的系统。系统是由两个以上相互作用和相互联系的要素结合而成的，是具有特定的整体结构和适应环境的特定功能的有机整体。系统各部分之间的相互作用越协调，系统结构就越合理，系统在整体上就越能达到较高水平，从而实现整体的功能大于各部分功能之和。宇宙中的任何事物都是以系统形式存在、发展着的，甚至可以说"系统无处不在，万物皆成系统"。教学技能也同样是以系统的形式存在和发展着。如果用具有普遍指导意义的系统思想和方法指导教学技能的训练和应用，必将使教学技能的获得更有效，且更易实现教学技能向教学技巧、教学技艺乃至教学艺术的转变。

2. 控制论

控制论的主要创立者是美国学者、数学家维纳。他于 1948 年出版了《控制论（或关于在动物或机器中控制和通讯的科学）》一书，阐明在生物科学和物理科学中，控制和通讯有着共同的规律。我国著名教育家查有梁在《系统科学与教育》一书中为控制论下了这样一个简要的定义：控制论是关于生物系统和机械系统中控制和通讯的科学。系统的输出变为系统的输入就是反馈；通过反馈实现有目的的活动就是控制。一个系统既有控制部分将控制信息输入受控部分，又有受控部分把反馈信息送到控制部分，形成一个闭合回路，来实现系统的有效控制，由控制论产生了反馈控制法。这种方法认为：任何一个系统因内部变化、外部干扰，会产生不稳定，为保持系统稳定或按照一定路径达到预定目标，就必须进行控制。学习可以看成是一个信息加工的过程，若这一过程中的各个环节能够得到有效的控制，使教与学之间的信息转换与反馈正常进行，就会使教学的效率和质量得到极大的提高。因此，控制论中的相关理论与方法必然会对如何有效控制教学过程，实现教学优化提供科学依据与指导。

3. 信息论

1948 年，美国数学家、工程师香农发表的《通讯的数学理论》标志着信息论的诞生。信息论是研究各种系统中信息的计量、传递、变换、贮存和使用规律的科学。其原始意义主要是一门通讯理论，即希望通过对各种通信系统中信息传输的普遍规律的研究，提高通讯系统的有效性和可靠性。当它应用于教育系统，则可以理解为通过对教育系统中教学信息输入输出的一般规律的研究，即通过分析教学信息，分析教学系统的信息传播特点与规律，以及处理教学信息等，达到提高教育教学系统中教学有效性的目的。

（二）系统科学的基本原理

系统论、控制论、信息论这三论，既相互区别，又相互渗透、相互联系，统称为"旧三论"。从中提炼出来的系统科学的基本原理对教学技能的训练和应用有着方法性的指导作用。

1.整体原理

任何系统只有通过相互联系形成整体结构才能发挥整体功能。系统中各要素是相互作用、相互依存的，没有整体联系、整体结构，要使系统发挥整体功能是不可能的。在教学技能的训练和应用中，应把教学技能看作一个系统，从宏观上把握，从整体上分析，综合考虑课堂教学过程中的各个要素和环节，使教学技能的整体功能得以有效发挥。

2.有序原理

任何系统只有开放、有涨落、远离平衡态，才可能走向有序，形成新的稳定的有序结构，以使系统与环境相适应。在教学技能的训练和应用中，要处理好各种教学技能之间以及教学技能与外部教学环境之间的关系，使它们之间形成平衡的有序的状态。教学系统要在社会环境中存在和发展，要与外界有信息、物质等的交换，必然要求它是一个开放的系统，要不断地吸收各学科的新信息，引进先进的技术，使之从无序走向有序，使教学技能适应不断变化的教学环境。

3.反馈原理

任何系统只有通过反馈信息才可能实现有效的控制。一个控制系统，既有输入信息，又有输出信息，系统的控制部分根据输出信息（反馈信息），进行比较、纠正和调整它发出的输入信息（控制信息），从而实现控制。在教学技能的训练和应用中，要随时根据反馈信息来了解教学情况，对教学过程进行协调控制以实现教学系统的功能。

二、耗散结构论、协同论、突变论概述

（一）耗散结构论、协同论、突变论

1.耗散结构论

1969 年，比利时物理学家普利高津提出了"耗散结构"学说，它回答了开放系统如何从无序走向有序的问题。耗散结构理论认为，有序来自非平衡态，非平衡是有序源。在一定条件下，当系统处于非平衡态时，它能够产生、维持有序性的自组织，不断和外界交换物质和能量，系统本身尽管在产生熵，同时向环境输出熵，输出大于产生，系统保留的熵在减少，所以走向有序。"耗散"的含义在于这种结构的产生不是由于守恒的分子力，而是由于能量的耗散。系统只有耗散能量才能保持结构稳定。耗散结构理论能够解决很多系统的有序演化问题，包括教育系统，它不仅对自组织产生的条件、环境做出了重要的判据性断言，还对把被组织的事物或过程转变为自组织的事物或过程具有启发的、可操作的意义。

2.协同论

西德的学者哈肯于 1976 年提出了协同论。协同论研究各种不同的系统从混沌无序状态向稳定有序结构转化的机理和条件。哈肯指出："从混沌状态而自发形成的很有组织的结构，乃是科学家所面临的最吸引人的现象和最富于挑战性的问题之一。"协同论最根本的思想和方法是系统自主地、自发地通过子系统的相互作用而产生的系统规则。竞争与合作的方法是它的重要研究内容，协同论最基本的概念也是竞争与协作。复杂性的模式实际上是通过底层（或低层次）子系统的相互作用产生的。正如在大脑中寻找精神一样，在低层次中寻找复杂性的模式是徒劳的，但我们可以从相互作用的方式和结构，以及这种作用的运动演化过程中寻求到上一层次模式的呈现和轮廓。

3.突变论

法国数学家托姆在 20 世纪 60 年代提出了一种拓扑数学理论，该理论为现实世界的形态发生突变现象提供了可资利用的数学框架和工具。突变论在研究复杂性问题和过程时具有特殊的方法论意义。人们常把缓慢变化称为渐变，把瞬间完成明显急促的变化称为突变，但是突变与渐变的这种经验性认识既不准确又不科学。它们的本质区别不是变化率大小，而是变化率在变化点附近有无"不连续"性质出现，突变是原来变化的间断，渐变是原来变化的延续。所以，突变属于间断性范畴，渐变属于连续性范畴。突变论的模型为思考人类思维过程和认识机制提供了新的思路。根据突变论的观点，我们的精神生活只不

过是各个动力场吸引子之间的一系列突变，这种动力场是由我们的神经细胞的稳定活动构成的。

认识形态并不具有随意性，而是由其内部和外部条件预先决定的。托姆指出，我们思想的内在运动与作用于外部世界的运动，两者在根本上并没有什么不同。外部的模型变化可通过耦合的办法在我们的思想深处建立起来，这也正是认识的过程。

（二）自组织原理

耗散结构论、协同论、突变论作为系统科学的"新三论"，又称自组织理论，它深入研究了系统如何产生、如何利用信息交流将不同的部分组织起来从而形成整体以及系统如何演化等问题。

自组织是指在一定的外界条件下，通过系统内部的非线性相互作用，经过突变而形成一种新的稳定有序的结构状态，也就是系统"自发地"组织起来，形成和完善自身的结构。这也就是说，系统形成的各种稳定有序的结构是系统内部各因素彼此的相干性、协同性或某种特性相互作用的结果，不是外界环境直接强加给系统的。只要是通过内部因素的相互作用而组织成的有序结构都是自组织。

在教育教学中，教师要用"自组织"的观点看待教学和学习过程，看待学生。要把学生看作一个自组织的系统，学生的学习不是通过教师的强制教学实现的，而是要对其知识结构、能力构成和内部学习机制等进行整体的分析，有针对性地创造条件和教学情境，引发学生主动认知实现的。由此，教师要充分认识到学生是学习的主体，真正实现教学的指导者和组织者的角色转变。

三、系统方法

（一）系统方法概述

系统方法是在运用系统科学的观点和方法来研究、处理各种复杂的系统问题时产生的。系统方法是按照事物本身的系统性把对象以系统的形式加以考察的方法，它侧重系统的整体性分析，从组成系统的各要素之间的关系和相互作用中去发现系统的规律性，从而指明解决复杂系统问题的一般步骤、程序和方法。

（二）系统方法的作用

系统方法是认识、调控、改造、创造复杂系统的有效手段。世界上的事物和过程是复杂的，是由多种因素或子系统的复杂的相互作用所构成的，对理解和解决系统问题需要系统的分析和整体的思考。系统科学方法为解决系统问题提供了方法论的指导。

系统方法为人们提供了制定系统最佳方案以及实行最优组合和最优化管理的手段。系统方法是指通过研究系统的要素、结构以及与环境的关系，经过科学的计算、预测，设计实现系统目标的多种方案，从中选择最佳的设计和实施方案并制定最佳控制和进行最优管理，以达到最佳功能目标。在人类认识世界和改造世界的过程中，系统方法在制定最佳方案、优化组合与管理等方面，都是可资利用解决问题的最佳手段。

系统科学方法为人们提供了新的思维模式。它突破了传统的只侧重分析的机械方法的栏栅，指导人们从总体上进行思维，探索科学技术发展的新思路，促进自然科学与社会科学的统一，促进科学家与哲学家的联盟，帮助人们打破两种科学、两种文化的界限，建立统一的世界图景和文化图景，建立起系统的自然观、科学观、方法论和系统的人类社会图景。

在教育领域中运用系统科学理论的思想、观点和方法，对教育系统的构成要素、组织结构、信息传递和反馈控制等进行分析、设计和评价等研究，可以促进教育系统的最优化。将系统方法应用于教学技能的学习，将有助于对教学技能的整体性理解和训练，对教学技能的获得与发展具有方法论的指导作用。

第三节　多元智力理论

多元智力理论是 20 世纪由美国哈佛大学心理学家霍华德·加德纳教授提出的，又叫多元智能理论。传统的智力理论认为，人类的认知是一元的，个体的智能是单一的、可量化的，而美国教育家、心理学家霍华德·加德纳在1983 年出版的《智力的结构》书中提出，"智力是在某种社会或文化环境的价值标准下，个体用以解决自己遇到的真正的难题或生产及创造出有效产品所需要的能力。"每个人都至少具备语言智力、数理逻辑智力、音乐智力、空间智力、身体智力、人际交往智力和自我认知智力，这一理论被称为多元智力理论。其基本性质是多元的——不是一种能力而是一组能力，其基本结构也是多元的——各种能力不是以整合的形式存在而是以相对独立的形式存在。而现代社会是需要各种人才的时代，这就要求教育必须促进每个人各种智力的全面发展，让个性得到充分的发展和完善。

言语—语言智力。它是指对外语的听、说、读、写的能力，表现为个人能够顺利而高效地利用语言描述事件、表达思想并与人交流的能力。这种智力在记者、编辑、作家、演说家和政治领袖等人身上有比较突出的表现，如由记者转变为演说家、作家和政治领袖的丘吉尔。

音乐—节奏智力。它是指感受、辨别、记忆、改变和表达音乐的能力，具体表现为个人对音乐美感反映出的包含节奏、音准、音色和旋律在内的感知度，以及通过作曲、演奏和歌唱等表达音乐的能力。这种智力在作曲家、指挥家、歌唱家、演奏家、乐器制造者和乐器调音师身上有比较突出的表现，如音乐天才莫扎特。

逻辑—数理智力。它是指运算和推理的能力，表现为对事物间各种关系如类比、对比、因果和逻辑等关系的敏感，以及通过数理运算和逻辑推理等进行思维的能力。它是一种对于理性逻辑思维较显著的智力体现，对数字、物理、几何、化学乃至各种理科高级知识有超常人的表现，是理性的思考习惯。一些数学家、物理科学家往往这个方面的智力点数都不低。在侦探、律师、工程师、科学家和数学家身上有比较突出的表现，例如相对论的提出者爱因斯坦。

视觉—空间智力。是指感受、辨别、记忆、改变物体的空间关系并借此表达思想和情感的能力，表现为对线条、形状、结构、色彩和空间关系的敏感，以及通过平面图形和立体造型将它们表现出来的能力。同时对宇宙、时空、维度空间及方向等领域的掌握理解，是更高一层智力的体现，是有相当的理性思维基础习惯为依托的。这种智力在画家、雕刻家、建筑师、航海家、博物学家和军事战略家的身上有比较突出的表现，如画家达·芬奇。

身体—动觉智力。它是所有体育运动员、世界奥运冠军必须具备的一项智力。运用四肢和躯干的能力，表现为能够较好地控制自己的身体，对事件能够做出恰当的身体反应，以及善于利用身体语言表达自己的思想和情感的能力。这种智力在运动员、舞蹈家、外科医生、赛车手和发明家身上有比较突出的表现，如美国篮球运动员迈克尔·乔丹。

自我—自省智力。它是指认识洞察和反省自身的能力，表现为能够正确地意识和评价自身的情感、动机、欲望、个性、意志，并在正确的自我意识和自我评价的基础上形成自尊、自律和自制的能力。它是客观、公正、勇气、自信建立的基础，因为人最看不清的就是自己。俗话说：你最难战胜的就是你自己，可见，这个对手很强大。人在主观时是很盲目的。而正是因为真知的逐渐形成才会变得无畏，就好像小孩子都害怕去医院打针，而当渐渐长大后，就不会再为打针吃药而恐惧了。这种智力在哲学家、思想家、小说家等人身上有比较突出的表现，如哲学家柏拉图。

交往—交流智力。它是指与人相处和交往的能力，表现为觉察、体验他人情绪、情感和意图并据此做出适宜反应的能力，也是情商的最好展现。因为人和人的交流就是靠语言或眼神以及文字书写方式来传递的。往往这些人具有相当的蛊惑力或者煽动性，是组织的焦点、明星或者政客等。这种智力在教师、律师、推销员、公关人员、谈话节目主持人、管理者和政治家等人身上有比较突出的表现，例如美国黑人领袖、社会活动家马丁·路德·金。

自然观察智力。它是指认识世界、适应世界的能力，是一种在自然世界里辨别差异的能力，如植物区系和动物区系、地质特征和气候。它是对我们自己身处的这个大自然环境的规律认知，如历史、人体构造、季节变化、方向的确立、磁极的存在、感知灵性空间的超自然科学能力，能适应不同环境的生存能力。

存在智力是指陈述、思考有关生与死和终极世界的倾向性，即人们的生存方式及其潜在的能力。例如，在人类出现之前地球是怎样的，在另外的星球上生命是怎样的，以及动物之间是否能相互理解等。

每个人都在不同程度上拥有上述九种基本智力，智力之间的不同组合表现出个体间的智力差异。教育的起点不在于一个人有多么聪明，而在于怎样变得聪明，在哪些方面变得聪明。在加德纳教授看来是以能否解决实际生活中的问题和创造出社会所需要的有效的产品的能力为核心的，也是以此作为衡量智力高低的标准的。因此，智力是个体解决实际问题的能力和生产出或创造出具有社会价值的有效的产品的能力。

多元智力理论对教育实践活动的影响是全方位的，涉及了教育的学生观、教师观、教学观、目标观、评价观等教育理念。

1.学生观

每个学生都是多种智力的组合，但由于不同环境和教育的影响与制约，在每个人身上智力以不同方式、不同程度组合，使每个人的智能各具特点，每个人都呈现出智力的强项和弱项。在一个充满教育性的环境下，智力是可以提升的。只要能得到适当的刺激，几乎所有的智力在任何年龄段都可以发展。因此，在智能发展上不存在失败的学生。

2.教师观

教师必须全方位地了解每一个学生的背景、兴趣爱好、智力特点、学习强项等，从而确定最有利于学生学习的教学方法与策略。教师的教必须根据学生的学来确定是否有效。

3.教学观

学生个体之间存在智力差异，要求教学上以最大程度的个别化方式来进行。在教育中考虑学生个人的强项，使用不同的教材或手段，使每一个学生都有学会教学内容的机会，让学生有机会将学到的内容向他人展示，使学生的全脑智能都得到最大限度的发展。认真地对待学生的个别差异正是多元智力理论的核心。

4. 目标观

多元智力理论的教学目标是开发学生的多元智力，为多元智力而教，并通过多元智力来教，使学生有机会更好地运用和发展自己的多种智力。

5. 评价观

多元智力理论认为评价要体现发展性。评价不以发现人的缺陷为导向，而是发展人的强项，并为其积极的变化提供基础，最终促进全面的发展。

网络环境下的语文教学依赖高效的教学平台与丰富的信息资源来开展教学活动，为学生提供了一种新的学习选择方式，学生的主体地位得到凸现。网络教学尊重每一个个体，平等地对待每一个学生，促进每一个学生的全面发展和个性的充分展示。同时，丰富的学习资源和表现方式的多样化从客观上决定了网络教学属于一种个别化教学。多元智力理论的观点和网络环境下语文教学的特点非常吻合，是网络环境下实施语文教学的理论基础之一。

第四节　人本主义学习理论

人本主义于20世纪五六十年代在美国兴起，七八十年代迅速发展，它既反对行为主义把人等同于动物，只研究人的行为，不理解人的内在本性，又批评弗洛伊德只研究神经症和精神病人，不考察正常人心理，因而被称之为心理学的第三种运动。人本学派强调人的尊严、价值、创造力和自我实现，把人的本性的自我实现归结为潜能的发挥，而潜能是一种类似本能的性质。人本主义最大的贡献是看到了人的心理与人的本质的一致性，主张心理学必须从人的本性出发研究人的心理。该学派的主要代表人物是马斯洛和罗杰斯。马斯洛有以下主要观点：对人类的基本需要进行了研究和分类，将之与动物的本能加以区别，提出人的需要是分层次发展的；按照追求目标和满足对象的不同把人的各种需要从低到高安排在一个层次序列的系统中，最低级的需要是生理的需要，这是人所感到要优先满足的需要。罗杰斯有以下主要观点：在心理治疗实践和心理学理论研究中发展出人格的"自我理论"，并倡导了"患者中心疗法"的心理治疗方法。人类有一种天生的"自我实现"的动机，即一个人发展、扩充和成熟的趋力，它是一个人最大限度地实现自身各种潜能的趋向。

人本主义的学习与教学观深刻地影响了世界范围内的教育改革，是与程序教学运动、学科结构运动齐名的 20 世纪三大教学运动之一。人本主义心理学是有别于精神分析与行为主义的心理学界的"第三种力量"，主张从人的直接经验和内部感受来了解人的心理，强调人的本性、尊严、理想和兴趣，认为人的自我实现和为了实现目标而进行的创造才是人的行为的决定因素。人本主义心理学的目标是要对作为一个活生生的完整的人进行全面描述。人本主义心理学家认为，行为主义将人类学习混同于一般动物学习，不能体现人类本身的特性，而认知心理学虽然重视人类认知结构，却忽视了人类情感、价值观、态度等最能体现人类特性的因素对学习的影响。在他们看来，要理解人的行为，必须理解他所知觉的世界，即必须从行为者的角度来看待事物。要改变一个人的行为，必须先改变其信念和知觉。人本主义者特别关注学习者的个人知觉、情感、信念和意图，认为它们是导致人与人的差异的内部行为，因此他们强调要以学生为中心来构建学习情景。

人本主义学习理论是建立在人本主义心理学的基础之上的。对人本主义学习理论产生深远影响的有两个著名的心理学家，分别是美国心理学家马斯洛和罗杰斯。人本主义主张，心理学应当把人作为一个整体来研究，而不是将人的心理肢解为不完整的几个部分，应该研究正常的人，更应该关注人的高级心理活动，如热情、信念、生命、尊严等内容。人本主义的学习理论从全人教育的视角阐释了学习者整个人的成长历程，以发展人性；注重启发学习者的经验和创造潜能，引导其结合认知和经验，肯定自我，进而自我实现。人本主义学习理论重点研究如何为学习者创造一个良好的环境，让其从自己的角度感知世界，形成对世界的理解，达到自我实现的最佳境界。

罗杰斯认为，人类具有天生的学习愿望和潜能，这是一种值得信赖的心理倾向，它们可以在合适的条件下释放出来；当学生了解到学习内容与自身需要相关时，学习的积极性最容易激发；在一种具有心理安全感的环境下可以更好地学习。罗杰斯还认为，教师的任务不是教学生知识，也不是教学生如何学习知识，而是要为学生提供学习的手段，至于应当如何学习则由学生自己决定。教师的角色应当是学生学习的"促进者"。一个人的自我概念极大地影响着他的行为。

由于人本主义心理学家认为人的潜能是自我实现的，而不是教育的作用使然，因此在环境与教育的作用问题上，他们认为虽然"人的本能需要一个慈善的文化来孕育他们，使他们出现，以便表现或满足自己"，但是归根到底，

"文化、环境、教育只是阳光、食物和水，不是种子"，自我潜能才是人性的种子。他们认为，教育的作用只在于提供一个安全、自由、充满人情味的心理环境，使人类固有的优异潜能自动地得以实现。在这一思想指导下，罗杰斯在20世纪60年代将他的"患者中心"的治疗方法应用到教育领域，提出了"自由学习"和"学生中心"的学习与教学观。

罗杰斯认为，情感和认知是人类精神世界中两个不可分割的有机组成部分，彼此是融为一体的。因此，罗杰斯的教育理想就是要培养"躯体、心智、情感、精神、心力融汇一体"的人，也就是既用情感的方式又用认知的方式行事的情知合一的人。这种知情融为一体的人，他称之为"完人"或"功能完善者"。当然，"完人"或"功能完善者"只是一种理想化的人的模式，而要想最终实现这一教育理想，应该有一个现实的教学目标，这就是"促进变化和学习，培养能够适应变化和知道如何学习的人"。他说："只有学会如何学习和学会如何适应变化的人，只有意识到没有任何可靠的知识，只有寻求知识的过程才是可靠的人，才是真正有教养的人。在现代世界中，变化是唯一可以作为确立教育目标的依据，这种变化取决于过程而不是静止的知识。"可见，人本主义重视的是教学的过程而不是教学的内容，重视的是教学的方法而不是教学的结果。由于人本主义强调教学的目标在于促进学习，因此学习并非教师以填鸭式严格强迫学生无助地、顺从地学习枯燥乏味、琐碎呆板、现学现忘的教材，而是在好奇心的驱使下去吸收任何他自觉有趣和需要的知识。罗杰斯认为，学生学习主要有两种类型：认知学习和经验学习，其学习方式也主要有两种：无意义学习和有意义学习，并且认为认知学习和无意义学习、经验学习和有意义学习是完全一致的。因为认知学习的很大一部分内容对学生自己是没有个人意义的，它只涉及心智，但不涉及感情或个人意义，是一种"在颈部以上发生的学习"，因而与完人无关，是一种无意义学习。而经验学习以学生的经验生长为中心，以学生的自发性和主动性为学习动力，把学习与学生的愿望、兴趣和需要有机地结合起来，因而经验学习必然是有意义的学习，必能有效地促进个体的发展。

所谓有意义学习，不但是一种增长知识的学习，而且是一种与每个人各部分经验都融合在一起的学习，是一种使个体的行为、态度、个性以及在未来选择行动方针时发生重大变化的学习。在这里，我们必须注意罗杰斯的有意义学习和奥苏伯尔的有意义学习的区别。前者关注的是学习内容与个人之间的关系；后者则强调新旧知识之间的联系，它只涉及理智，而不涉及个人意义。因此，按照罗杰斯的观点，奥苏伯尔的有意义学习只是一种"在颈部以上发生的学习"，并不是罗杰斯所指的有意义学习。

对于有意义学习，罗杰斯认为主要具有四个特征。①全神贯注：整个人的认知和情感均投入学习活动之中。②自动自发：学习者由于内在的愿望主动去探索、发现和了解事件的意义。③全面发展：学习者的行为、态度、人格等获得全面发展。④自我评估：学习者自己评估自己的学习需求、学习目标是否完成等。因此，学习能对学习者产生意义，并能纳入学习者的经验系统之中。总之，"有意义的学习结合了逻辑和直觉、理智和情感、概念和经验、观念和意义。若我们以这种方式来学习，便会变成统整的人"。

人本主义的教学观是建立在其学习观的基础之上的。罗杰斯从人本主义的学习观出发，认为凡是可以教给别人的知识，相对来说都是无用的；能够影响个体行为的知识，只能是他自己发现并加以同化的知识。因此，教学的结果，如果不是毫无意义的，那就可能是有害的。教师的任务不是教学生学习知识（这是行为主义者所强调的），也不是教学生如何学习（这是认知主义者所重视的），而是为学生提供各种学习的资源，提供一种促进学习的气氛，让学生自己决定如何学习。为此，罗杰斯对传统教育进行了猛烈的批判。他认为在传统教育中，"教师是知识的拥有者，而学生只是被动的接受者；教师可以通过讲演、考试甚至嘲弄等方式来支配学生的学习，而学生无所适从；教师是权力的拥有者，而学生只是服从者"。因此，罗杰斯主张废除"教师"这一角色，代之以"学习的促进者"。

罗杰斯认为，促进学生学习的关键不在于教师的教学技巧、专业知识、课程计划、视听辅导材料、演示和讲解、丰富的书籍等（虽然这中间的每一个因素有时候均可作为重要的教学资料），而在于特定的心理气氛因素，这些因素存在于"促进者"与"学习者"的人际关系之中。那么，促进学习的心理气氛因素有哪些呢？罗杰斯认为，这和心理治疗领域中咨询者对咨客（患者）的心理气氛因素是一致的。①真实或真诚：学习的促进者表现真我，没有任何矫饰、虚伪和防御。②尊重、关注和接纳：学习的促进者尊重学习者的情感和意见，关心学习者的方方面面，接纳作为一个个体的学习者的价值观念和情感表现。③移情性理解：学习的促进者能了解学习者的内在反应，了解学生的学习过程。在这样一种心理气氛下进行的学习，是以学生为中心的，教师只是学习的促进者、协作者或者说伙伴、朋友，学生才是学习的关键，学习的过程就是学习的目的之所在。

总之，罗杰斯等人本主义心理学家从他们的自然人性论、自我实现论及其"患者中心"出发，在教育实际中倡导以学生经验为中心的"有意义的自由学习"，对传统的教育理论造成了冲击，推动了教育改革运动的发展。这种冲击和促进主要表现在以下方面：突出情感在教学活动中的地位和作用，形成了一种以知情协调活动为主线、以情感作为教学活动的基本动力的新的教学模式；以学生的"自我"完善为核心，强调人际关系在教学过程中的重要性，认为课程内容、教学方法、教学手段等都维系于课堂人际关系的形成和发展；把教学活动的重心从教师引向学生，把学生的思想、情感、体验和行为看作是教学的主体，从而促进了个别化教学运动的发展。不过，罗杰斯对教师作用的否定，是不正确的，是言过其实的。

第五节　现代教学结构理论

一、结构主义教学理论介绍

发展性教学、结构主义教学、范例教学并称为现代教学的萨达流派，其思想不仅代表了一个时代，还影响着当代教学的理论和实践。结构主义教学理论是 20 世纪 50 年代末产生于美国的一种教学理论，该理论提出要让学生掌握学科的基本结构、提倡早期学习、倡导广泛应用发现法等。结构主义教学理论的代表人物是美国心理学家、教育家布鲁纳。结构主义教学理论极大地促进了 20 世纪 60 年代美国中小学以课程改革为中心的教育改革运动，并获得了广泛的国际声誉。

现代教学结构理论即结构主义教学理论，主要以结构主义教育理论及皮亚杰结构主义心理学为理论基础。它是对当代国际教学理论及实践有重要影响的教学理论。结构主义教学理论认为，任何一门学科都有一个基本结构，即具有其内在的规律性。在教学过程中，教师要认真研究学生、研究教法和指导学法，学生则要发挥主观能动性，表现出最大可能的学习积极性和创造性。在课堂教学中，学生的学习是两个转化过程，一是由教材的知识结构向学生的认知结构转化；二是由学生的认知结构向智能转化。这种转化过程，只有以学生为主体、在教师的积极引导下才能实现。教师在教学过程中应与学生积极互动，共同发展，要处理好传授者与培养能力的关系，注重培养学生的独立性和自主性，引导学生质疑、调查、探究，在实践中学习，促进学生在教师指导下主动地富有个性地学习。教师应尊重学生的人格，关注个别差异，满足不同学生的学习需要，创设能引导学生主动参与的教育环境，激发学生的学习积极性，培养学生掌握和运用知识的态度和能力，使每个学生都能得到充分的主动的发展。

布鲁纳的结构主义教学理论的基本框架包括以下内容。

第一，智力发展过程。儿童智力发展分为三个阶段。儿童智力的发展离不开语言和文化的相互作用，而对学习者有计划地提供语言体系、文化体系是教师的基本职责。学习者智力的发展是在教师与学习者的教育关系中实现的。

第二，教材结构理论。主张编写出"既重视内容范围，又重视结构体系的教材"。重视内容指要求教材现代化，重视"结构"则是指要求教材包含学科基本概念、法则及联系，有助于学生"学习事物是怎样互相关联"的。

第三，发现学习法。学习者要自己去发现教材结构是最有效的学习方法。发现学习的特点是学生积极探索解决问题的方略、学生活用并组织信息、学生灵活而执着追求问题解决。

第四，内部动机是学习的真正动机。内部动机是在学习本身中发现学习的源泉和报偿。激发学生内部动机主要通过利用惊奇、激发疑惑、提出具有几个解答不确凿的问题、设计困境、揭示矛盾等方法。

（一）结构主义教学理论的要点

要让学生掌握学科的基本结构，认为任何一门学科都有一个基本结构，即具有其内在的规律性。它反映了事物间的联系，包含了"普遍而强有力的适应性"。不论教什么学科，都必须使学生理解学科的基本结构，即各门学科的基本概念、基本原理和规律。"基本"就是一个观念具有广泛地适用于新情况的能力，它是进一步获得和增长新知识的"基础"；"结构"则是指学科的基本概念、基本原理以及他们之间的联系，是指知识的整体和事物的普遍联系即规律。另外。布鲁纳指出，在教学中，不仅要让学生掌握一般的理论，还要培养他们对学习的态度、对推测和预测的态度、对独立解决问题的态度。因此，他强调要精心组织教材。布鲁纳指出："学习结构就是学习知识是怎样相互联系的。"他认为，学习的首要目的是为将来服务。学习为将来服务有两种方式：一是特殊迁移，二是原理和态度的迁移（这是教育过程的核心）。布鲁纳对于学习基本结构意义的理解是，懂得基本原理可以使学科更容易理解；懂得基本原理有利于人类的记忆。

（二）提倡早期学习（学习准备观念的转变）

布鲁纳在他的《教育过程》中学习准备部分的第一句话就是，任何学科都可以用某种理智的方法有效地教给处于任何发展阶段的任何学生。因此，学习准备是很重要的。学习准备主要指学生的年龄特征和智力发展水平，是否已经达到能适应某些学科学习的程度。他认为，在发展的各个阶段，儿童用他自己观察世界和解释世界的独特方式去表现那门学科的结构，能使学生掌握它；儿童的认识发展阶段固然和年龄有关，但可以随文化和教育条件而加快、推迟或停滞。所以，他主张，教学要向儿童提出挑战性的而适合的课题，以促进儿童认识的发展。他强调基础学科能提早学习，使学生尽早尽快地学习许多基础学科知识。这是布鲁纳关于学校课程设计的指导思想。

二、布鲁纳结构教学理论介绍

（一）布鲁纳论教学原理

布鲁纳认为，教学论是一种规范化的力量，它所关注的是怎样最好地学会人们想教的东西和促进学习，而不是描述学习。它有四个特点：①它应详细规定能使人牢固地树立学习的心理倾向的经验；②它应当详细规定将大量知识组织起来的方式，从而使学习者容易掌握；③它应规定呈现学习材料最有效的序列；④它必须规定教学过程中贯彻奖励和惩罚的性质和步调。据此，他提出了四条教学原则：动机原则、结构原则、程序原则、反馈强化原则。

（二）布鲁纳发现学习理论

"发现学习"是布鲁纳在《教育过程》一书中提出来的。这种方法要求学生在教师的认真指导下，能像科学家发现真理那样，通过自己的探索和学习"发现"事物变化的因果关系及其内在联系，从而形成概念，获得原理。

发现学习以培养探究性思维的方法为目标，以基本教材为内容，使学生通过再发现的步骤来进行学习。发现学习是以布鲁纳的认知心理学学习理论为基础的。他认为，学习就是建立一种认知结构，相当于我们所说的主观世界，头脑中经验系统的构成。建立认知结构是一种能动的主观活动，具有主观能动性。所以，布鲁纳格外重视主动学习，强调学生自己思索、探究和发现事物。发现学习的特点有三：再发现、有指导的发现和以培养探究性思维为目标。发现学习的优点有基本智慧潜力、激发学习的内部动机、掌握探索的方法、有助于记忆的保持。

布鲁纳结构主义教学理论的基本观点如下。

1.重视学生认识结构的发展与学科的知识结构

布鲁纳把认知发展作为教学论问题讨论的基础。他指出："一个教学理论实际上就是关于怎样利用各种手段帮助人成长和发展的理论。"布鲁纳将其称为"成长科学"，即认知科学或智力发展科学。他认为教育"不仅要教育成绩优良的学生，还要帮助每个学生获得最好的智力发展，教育的任务在于发展智力"，

"儿童的认知发展是由结构上迥异的三类表征系统（行为表征、图像表征、符号表征）及其相互作用构成的质的飞跃过程"。布鲁纳认为，学习的实质在于主动地形成认知结构。认知结构是指由人过去对外界事物进行感知、概括的一般方式或经验所组成的观念结构。学习者不是被动地接受知识，而是主动地获取知识，并通过把新获得的知识和已有的认知结构联系起来，积极地建构其知识体系。他指出，"不论我们教什么学科，务必使学生理解该学科的基本结构"。布鲁纳认为，"基本概念和原理是学科结构最基本的要素"，"学习结构就是学习事物怎样相互联系的"，因为这些基本结构反映了事物之间的联系，具有"普遍而有力的适用性"。

2. 提倡发现学习，注重直觉思维

在教学方法上，布鲁纳主张"发现法"。所谓"发现法"，对于学生是一种学习方法，称为发现学习；对于教师则是一种教学方法，称为发现教学。他认为，"我们教一门科目，并不是希望学生成为该科目的一个小型图书馆，而是要他们参与获得知识的过程。学习是一种过程，而不是结果"；"发现教学所包含的，与其说是引导学生去发现那里发生的事情的过程，不如说是他们发现他们自己头脑里的想法的过程"。

他主张让学生主动地去发现知识，而不是被动地接受知识。布鲁纳的发现学习和发现教学以培养创新精神和实践能力为主要目的，即构建旨在培养创新精神和实践能力的学习方式及其对应的教学方式。其基本程序一般为：创设发现问题的情境—建立解决问题的假说—对假说进行验证—做出符合科学的结论—转化为能力。布鲁纳认为"发现"依赖于"直觉"思维，他主张在教学中采取有效方法帮助儿童形成直觉思维能力、鼓励学生去猜想。

3. 提倡螺旋式课程

布鲁纳认为课程设计和教材的编写应查明基础学科基本知识的学习准备，根据学生当时认知发展水平予以剪裁、排列和具体化，将知识改造成一种与儿童认知发展相切合的形式。他认为，课程或教材的编写应按照学科的基本结构来进行。由此，他提出了螺旋式课程编写方法。所谓螺旋式课程，就是以与儿童的思维方式相符合的形式尽可能早地将学科的基本结构置于课程的中心地位，随着年级的提升，使学科的基本结构不断地拓展和加深。这样，学科结构就会在课程中呈螺旋式上升的态势。

第三章 互联网与大学语文教学的整合

第一节 互联网课程整合的基本概念和问题分析

一、整合的基本概念

教育教学中的整合就是运用系统科学方法，在教育学、心理学和教育技术学等教育理论和学习理论指导下的教学资源和教学要素的有机结合。在整合过程中要协调教育教学系统中教师、高校学生、教育内容和教学媒体等教学诸元素的作用、联系和相互之间的影响，使整个教学系统保持协调一致，维持整体过程或结果，从而产生聚集效应。整合的目的就在于通过充分有效地发挥互联网特别是网络技术在学习过程中所独具的开放性、自主性、交互性、协作性、研究性等特点与优势，以推动互联网与课程及学科教学的深度交通，促进互联网在学科教学中的应用水平的提高，凸显学习内容综合性和高校学生的发展为中心，从而帮助教师在有关理论知识的指导下，更符合规律地进行一系列教学活动，实现高校学生学习水平的提升。

二、大学语文课程与互联网整合

"互联网与课程整合"和"课程整合"是两个不同的概念，有着各自的侧重点，但又联系密切。从理论上讲，课程整合意味着对课程设置、课程教育教学目标、教学设计、教学评价等诸要素的系统测量与操作，也就是说要用整体的、联系的、辩证的观点来认识、研究教育过程中各种教育因素之间的关系。比较狭义的课程整合通常指的是，只考虑各门课程之间的有机联系，并将这些课程综合化。还有一种整合是相对广义的，即课程设置的名目不变，但相关课程的目标、教学与操作内容（包括例子、练习等）、学习的手段等课程要素之间互相渗透、互相补充，当这些互相渗透和补充的重要性并不突出，到了潜移默化的程度时，就没有必要专门提"整合"了。反之，就需要强调"整合"。互联网与课程整合是指互联网这一领域与其他学科的整合，或者说是将互联网"整合"于其他所有学科的教学过程之中，各个领域的研究和实践人员从自身的视角出发，对其做出了不同的界定。

西北师范大学南国农教授认为，"互联网与课程整合指将互联网以工具的形式与课程融合，以促进学习。指将互联网融入课程教学系统各要素中，使之成为教师的教学工具、高校学生的认识工具、重要的教材形态、主要的教学媒体"。[①]

北京师范大学何克抗教授认为，"互联网与课程整合的本质与内涵是要求在先进的教育思想、理论，尤其是主导——主体教学理论的指导下，把计算机及网络为核心的互联网作为促进高校学生自主学习的认知工具与情感激励工具、丰富的教学环境的创设工具，并将这些工具全面应用到各学科教学过程中，使各种教学资源，各个教学要素和教学环节，经过整合、组合、相互融合，在整体优化的基础上产生聚集效应，从而促进传统教学方式的根本变革，达到培养高校学生创新精神与实践能力的目标"。[②]

互联网与课程整合是当前互联网教育普及进程中的一个热点问题，也有些学者将互联网与课程整合看作是当前推进教育信息化的一个突破口。2000 年10 月，陈至立指出，"在开好互联网课程的同时，要努力推进互联网与其他学科教学的整合，鼓励在其他学科的教学中广泛应用互联网手段，并把互联网教育融合在其他学科的学习中。各地要积极创造条件，逐步实现多媒体教学进入每一间教室，积极探索互联网教育与其他学科教学的整合"。这就从更高层次上要求广大教师和教育工作者深刻地理解互联网与课程整合的本质和内涵，只有这样，才能使之更好地为我国的教育和教学服务。

要更好地实施互联网与课程整合就一定要遵循既定的目标，下面就是教育部提出的互联网与课程整合要实现的宏观目标和具体目标。

宏观目标：带动数字化教育环境建设，推进教育的信息化进程，促进教学方式的根本性变革，培养学生的创新精神和实践能力，实现互联网环境下的素质教育与创新教育。

具体目标：培养学生具有终身学习的态度和能力；培养学生具有良好的信息素养与信息文化；培养学生掌握信息时代的学习方式，会利用资源进行学

---

① 南国农．教育信息化建设的几个理论和实际问题（上）[J]．电化教育研究，2002(11):3.

② 何克抗．对美国互联网与课程整合理论的分析思考和新整合理论的建构 [J]．中国电化教育，2008(07):10.

习；学会在数字化情境中进行自主发现的学习；学会利用网络通信工具进行协商交流和合作讨论式的学习；学会利用信息加工工具和创作平台，进行实践创造的学习；培养学生的适应能力、应变能力与解决实际问题的能力。

对以上目标进行分析，我们可以得出以下结论。

互联网与课程整合，就是在先进的教育思想和理论指导下，将以计算机和网络为核心的现代互联网全面应用到各学科的教学过程中去，改革教学模式，整合教学资源，变革教学内容的呈现方式、学生的学习方式、教师的教学方式以及师生的互动方式等。同时，为学生的多样化学习创造环境，使互联网真正成为学生认知、探究和解决问题的工具，培养学生的信息素养及利用互联网自主探究、解决问题的能力，从根本上提高学生学习的层次和效率，带动传统教学方式的变革。

互联网与课程的整合，不是一种被动的纳入，而是一个主动适应和改革课程的过程。互联网与课程的整合，将对课程的各个组成部分都产生变革性的影响和作用。确切地说，互联网本身不能自然而然地引发课程的变革，却是课程改革必不可缺的条件。正是互联网的快速发展，才导致了学习革命，诞生了知识经济，使人类迈入信息化社会。基于互联网的现代教育技术与课程的整合本身就要求变革传统的课程观、教育观、教学观以及学习观等，还强调要尊重学习者的独立性、主动性、首创性、反思性和合作性。互联网与课程整合有利于营造新型的学习型社会，创造全方位的学习环境。互联网与课程整合会带来课程内容的革新，随着互联网的高速发展，必将要求传统课程适应信息化社会的发展要求，并增加与互联网相关的内容（如开设互联网课程等），以及要求各门课程都必须根据时代的发展，革新原有课程内容。互联网与课程的整合也是课程内容革新的一个有利促进因素。

互联网与课程整合将带来课程实施的变革，革新传统的教学策略和理念。在今天的信息化环境中，教师作为知识传授者的地位正在逐步削弱，学习者的主体地位必将被充分体现。因此，互联网作为教学辅助工具和较强的认知工具，必将革新传统的教育教学理念。研究性学习、探究性学习等新型学习模式正在冲击着传统的课堂教学模式。

互联网与课程整合将带来课程资源的变化。随着互联网的飞速发展，网络资源的丰富性和共享性，必将对传统课程资源观产生冲击。课程资源的物化载体不再单纯是书籍、教材等印刷制品，还包括网络资源以及音像制品等。生命载体形式的课程资源将更加丰富，学习者可以利用互联网的通信功能与专家、教师等交流，从而扩大课程资源范围。

互联网与课程整合将有助于课程评价的变革和改善。互联网与课程整合后，将带来评价观念和评价手段的革新。互联网可以作为自测的工具，有利于学生自我反馈，也可以作为教师电子测评的手段，优化评价过程，革新传统的课程评价观与方法。

互联网与课程整合最主要的是带来学习方式的革命。网络信息的急剧增长，对人类的学习方式产生了深刻的变革作用。学习者将从传统的接受式学习转变为主动学习、探究学习和研究性学习。同时，数字化学习也将成为学习者未来发展的方向。互联网与课程整合，应把握住其主体是课程，而非互联网。切勿具有重技术轻教育的思想，更不能以牺牲课程目标的实现为代价，而应以课程目标为最根本的出发点，以培养学生的综合素质以及创新精神和实践能力为根本目的。要根据客观条件，选择合适的技术环境和信息资源，以提高学生的综合素质，尤其要培养学生的创新精神和创新能力，而不能按传统的教学思想设计环境与资源，使互联网仅仅作为传统教学的服务工具。

总之，互联网与课程整合的本质与内涵是要求在先进的教育思想、理论的指导下，把以计算机和网络为核心的互联网作为促进学生自主学习的认知工具与情感激励工具，以及丰富的教学环境创设工具，并将这些工具全面地应用到各学科教学过程中去。对各种教学资源、各个教学要素和教学环节，进行整理和组合，使之相互融合，在整体优化的基础上产生聚焦效应，从而促进传统教学方式的根本变革，达到培养学生创新精神与实践能力的目标。

基于上述原因，著者结合本书主题，认为大学语文课程与互联网的整合，是指以行为主义、建构主义等教育理论为知识基础，充分利用和发掘互联网的优势，在特定的信息环境中，按照大学语文的学科特色，推动信息资源与大学语文课程内容的深入整合，以协调完成大学语文学习任务的教学方式。

三、互联网与课程整合的问题分析

在我国的教育教学中，特别是在风风火火地开展互联网与课程整合的过程中，出现了一些对于互联网与课程整合的片面理解，以致使互联网与课程整合走入一些误区，需要对互联网与课程整合过程进行问题分析，并针对性地采取完善和改进措施。总结起来主要有以下几点。

（一）对互联网的片面理解

1.联网技术就是计算机技术

在我国的教育教学中，特别是在风风火火地开展互联网与课程整合的过程中，出现了一些对于互联网与课程整合的片面理解，以致互联网与课程整合走入一些误区。在一定意义上，互联网就是计算机技术，特别是在现行的互联网课程中讲的主要就是计算机网络技术的原理和应用，但是互联网的内涵远远比计算机技术的概念广泛。从普及互联网教育的整体目标分析，互联网教育是要提高学生的信息素养，培养学生的信息意识、信息知识、信息技能和信息道德。从普及互联网教育的内涵上讲，除了要使学生掌握信息知识和技能，还强调互联网与各学科课程的整合。让学生学会利用现代互联网环境，进行有意义的学习，掌握终身学习的能力。即使单从物化角度考虑，除了计算机，多媒体投影仪、实物投影仪、数码相机、数码摄影机、扫描仪、光电阅卷机都可作为互联网，互联网、有线通信网、无线通信网也属于互联网。实际上，利用各种互联网与课程进行整合，不仅要减轻学生的课业负担，更重要的是促使学生认知结构中的多学科知识的重新有机组合，从无序变有序，充分锻炼学生的多种思维能力。

2. 过分强调多媒体技术

这种观点是比较片面的。多媒体技术虽然可以使教学内容的呈现更丰富、更逼真、更形象，但是多媒体技术本身对教学效果的提高也有限度，其教学效果取决于学科特点和是否恰当地运用了多媒体技术，而不是只要使用多媒体技术就必然提高教学效果。并不是所有的知识都适合用多媒体技术表现，多媒体技术比较适合于能够将抽象和难以理解的教学内容形象化和具体化的学科，如物理、化学、历史、地理、几何等。这并不是说其他学科不能使用多媒体技术，主要看知识是否能够形象化。如果是高度抽象、无法形象化的知识，就不适合用多媒体技术来表现。因此，无论多么先进的技术，能否提高教学质量和效率，还取决于运用这一技术的人的教育理念和教学思考，以及学习者的认知特点和学习风格等。

3. 运用互联网技术一定能提高教学效果，一定比常规教学优越

这种观点夸大了互联网在教学中的作用。运用互联网在一定程度上和一定条件下会提高教学效果，但前提条件是必须能够科学地运用互联网。如果运用不当，教学质量不但不会提升，反而可能下降。现代互联网作为一种教学手段，是否比其他教学手段先进，要视教学内容和教师的讲课特点而定。在某些方面，运用"黑板+粉笔"的教学手段可能更加有效。

就教学手段而言，只有是否"适用"的问题，没有"先进"的问题，只要运用的技术手段适合当前的教学环境和内容，那么这样的互联网就是好的技术。当然，随着互联网的迅速发展，使其在教育教学中具有了非常广阔的应用前景。

4.认为上课一定得用互联网技术才算互联网与课程整合

互联网与课程整合不应局限在课堂教学中，而应该是自然而然地融入整个教学过程中，如教师查找资源、备课、写教案、制作课件、授课、考试、评价、教研等环节，都可以运用互联网。

互联网与课程整合并不排斥其他常规教学手段的运用。相反，在决定教学手段时，在某些教学环境中，如果能用常规手段达到最佳效果，就不必使用互联网。许多教师都有这样的体会，制作课件是一个很烦琐的工作，尤其是制作一个优秀的课件，需要花费大量的精力。当然，教学资源一旦积累下来，在下次使用的时候，就会大大减少重复工作量。另外，一些互联网确实能够大大降低工作强度，节省工作时间，提高工作效率，如光电阅卷系统就能大大提高教师批阅试卷的效率。

（二）教育信息化和校园网的建设需要学校和政府相互协调

互联网与课程整合，硬件建设是基础，软件建设是前提，都需要政府的支持和协调。但是，所有的硬件和软件建设都是为了提高教学质量和效率，而不是单纯地树立一级政府或学校的形象。因此，要扎扎实实地进行实验和研究，而不是浮躁、急功近利地做表面文章，影响资金的利用效率和效果。

相当多的人认为，教育信息化是政府行为，基础设施的建设需政府投入，教师的培训需政府组织，教育资源库需要政府尤其是中央政府的协调，并成立由专业公司参与的专门机构来开发。有人曾呼吁，互联网已经有相当丰富的资源了，学校不要建什么网站，搞什么自己的资源库了，这是低层次的重复开发，劳民伤财。但实质上教育信息化应该是一项涉及政府、社会、教育、家庭乃至个人等方面共同参与的系统工程，它是国家创新体系的一个组成部分，单靠政府是远远不够的，尤其在软件的投入方面需要大家共同参与制作和积累。从资源这个角度来讲，信息资源是信息化的核心，信息资源的利用与互联网的应用是教育信息化的目的。毫无疑问，互联网上的资源是相当丰富的，虽然并非想象得那么完美，然而这是分布在世界每个角落信息点上的资源汇集而成的结果，正所谓众人拾柴火焰高，倘若大家都不去创造信息、不去积累资源，互联网岂不干枯？早些年曾有一种说法，提出教育部要集中人力、物力、财力开发教育的多媒体素材库，学校的电教教师很是为之兴奋，但多年过去了，仍不见踪影，这使教师们多少有些沮丧。不过，好在有许多专业公司开发了一些素材，尽管不是很完美，但不管怎样，教师可以从这里拿一点，那里用一些，以基本满足教或学的需要。

信息化是指加快信息科技发展及产业化，提高信息技术在社会各领域的推广应用水平，并推动社会和经济发展的过程。信息化以现代通信、网络、微电子技术、传感技术等为基础，为特定人群的工作、学习、生活提供帮助，与人们的日常生活息息相关并造福于社会。随着信息化技术在教育领域的推广和应用，学校信息化建设已成为未来学校教育发展战略的制高点，成为学校现代化的重要特征。

学校信息化建设和信息技术的应用，为教师的专业发展，终生学习和学生的成长提供了技术支撑。学校的信息化建设是以校园硬件、数字化校园、数字化医院、教学信息化平台建设为重点进行的，学校信息化改变了师生的工作方式、学习方式、生活方式，为现代化的网络教学环境创造了条件。

教学信息化是管理信息化之后各高校优先发展的业务。各高校多媒体教室已成标配，近八成的高校采购了全校性网络教学平台。在教育部大型仪器共享政策的引领下，已有将近一半的高校建立了仪器设备开放共享服务使用网络化信息管理系统。现代高校信息系统的发展有两个特点，一是加强了数据安全管理制度的制订和落实，二是加强了信息系统之间的数据交换，减少因信息系统孤岛造成的学校统计数据不一致。

现代高校信息化建设的主要内容是转变信息化建设的战略思路，由"软硬件分离"建设思路向"一体化战略"转变，以学校战略发展目标为指导，以业务流畅性为准绳，建立在共享数据之上，融合软件、硬件、服务，面向用户提供简单易用、明确统一的集成化服务，这也是未来高校信息化建设的奋斗目标。

（三）当前基础教育体制尚未为互联网与课程整合提供必要的支持

虽然我国的基础教育改革正在如火如荼地进行着，但是以应试为主的教育体制还占据着主导地位。学校还是以培养知识型人才、提高升学率为最主要目标，而忽视对学生学习能力、问题解决能力和创新能力的培养，这就必然对互联网与课程整合产生多方位的负面影响。素质教育之所以实施多年而效果甚微，很大程度上是由于没能从根本上解决稀缺的教育资源和庞大的人口就业压力之间的矛盾所导致的。互联网和课程整合要想顺利进行也同样面临这个问题。

当前，"以教师讲授为中心"的教学模式不可能在短时间内改变。我国长期以来形成的"以教师为中心"的教学模式虽然不断遭到批评，正在推进的基础教育改革也旨在改变这一教学模式，但是我国教育资金和师资短缺、教学观念的转变还有待时日等国情决定了这一教学模式在较长时间内还会居于主流。对"以学生为中心"的教学模式则应积极探索和研究，不但要从教学内容、教学方法方面去探索，还要通过国家的政策和体制方面的调整去适应21世纪对教育的要求。因此，互联网与课程整合的顺利进行，需要基础教育体制的支持。

第二节　互联网与大学语文教学整合的定位、策略和形式

一、互联网与大学语文课程整合的设计定位

互联网与大学语文课程整合的设计定位就是要求在先进的大学语文思想的指导下，把以计算机及网络为核心的互联网作为提升高校学生对语文学习兴趣的认知工具与情感激励工具、丰富教学环境的创设工具，并将这些工具全面地运用到语文教学过程中，使各种教学资源、各个教学要素和教学环节，经过组合、重构，相互融合，在整体优化的基础上产生聚集效应，从而促进传统的以教师为中心的教学结构与教学模式的根本变革，从而达到夯实基础知识，培养高校学生人文精神的目标。

此外，互联网与大学语文课程整合意味着在课程的学习活动中结合使用互联网，以便更好地完成课程目标，它是在语文课程教学过程中把互联网、信息资源、信息方法、人力资源和课程内容有机结合，共同完成课程教学任务的一种新型的教学方式。而且，互联网与语文课程整合强调互联网要服务于大学语文教学，强调互联网应用于语文教育，从宏观目标来看可以定义为"建设数字化教育环境，推进大学语文教育的信息化进程，促进学校语文教学方式的根本性变革，培养高校学生的创新精神和实践能力，实现互联网环境下的素质教育与创新教育统一"。但是，每门课程都有自身学科特色，所教授的内容也是不同的，所以互联网与大学语文课程整合应该有其独特的目标，即培养高校学生的动手、观察、认知、想象等能力，让大学语文在互联网的支撑下，在活泼可爱的高校学生手中真正地"活"起来，使教师教起来更容易，使高校学生学起来更起劲。

二、互联网与大学语文课程整合的关键策略

互联网与语文课程整合是一种信息化的学习方式，其根本宗旨是要培养高校学生在信息化的环境中，利用互联网完成语文课程学习的目标。因此，互联网与语文课程整合教学模式和教学策略的研究尤为重要，它应符合以下几点要求，即要求学习是以学生的个体需要为中心，以有关语文知识的问题为关键，

以交流讨论为基础，以培养学生的创造性为目的。

互联网与语文课程整合的基本策略包括学习环境和资源创设情景的信息化，高校学生的思维观察动态化，利用信息化学习环境和资源，利用其内容丰富、多媒体呈现的特点，培养高校生自主发现、探究学习等诸多方面的能力。

三、互联网与大学语文课程整合的基本形式

（一）把互联网作为学习对象

目前，高校开设了信息网络技术课程，将大学语文知识加入课程教学中。在深化互联网内容的落实中，全面融入大学语文课程。现在，许多高校互联网课程教材都注意到了这一点。例如，在信息网络技术课程中学习汉字输入，可以融入语文课的拼音练习和组词练习；学习绘图软件可融入几何知识和美术知识学习；搜索引擎可涉及网上检索语文学科专题信息练习等。总之，信息网络技术课程与其他各学科课程有着广泛的整合切入点，并可成为各学科知识综合运用的园地。这种整合方式由于主要落脚点是信息网络技术知识和技能的学习，对其他学科来说是副业，所以对各学科不能进行系统整合的教学设计。

（二）把互联网作为教师教学的辅助工具

这种方式就是指教师把互联网与教学相融合，令其在课堂上发挥作用。在这种方式中，最常用的模式是"情境—探究"模式。该模式的基本内容是建构特殊的大学语文教学环境，帮助高校生在自主思考中加深对语文知识的认识，深化运用语文知识发现问题、分析问题、解决问题的能力，并在这个过程中促进自身人文素养的发展，情感态度价值观的优化。

（三）把互联网作为高校学生学习的认知工具

互联网的独特优势可以使其在运用中，结合为大学语文课程学习内容和学习资源的基本工具，如作为情境探究和发现学习的工具，作为协商学习和交流讨论的通信工具，或者作为知识构建和创作实践的工具，作为自我评测和学习反馈的工具。总之，是高校学生自己主动选择利用互联网工具，去完成学习的各个环节，达到学习的目标。根据互联网作为认知工具的应用环境和方式的不同，又包含基于建构主义的自主学习模式、基于网络的语文研究性学习模式、基于互联网的校际远程协作学习模式、基于专题研究的开发型学习模式等。

第三节　互联网与大学语文教学整合的应用价值

一、互联网推动大学语文教学改革的深入

互联网已经在各个高校实现了广泛的推广，这一点从学校的互联网相关的设备情况可以反映出来。互联网的普遍推广使用，促进了高校教学各个方面的改革，也对语文教学环境带来了极大的改观，这些改观突出表现为基于计算机网络的语文多媒体教学模式的应用。基于计算机网络的语文多媒体教学模式为教师和高校学生同时提供了一个非常开放的多媒体网络环境。信息化网络教学使语文学习具有广阔性、丰富性和多样性，给高校学生以全方位刺激。高校学生在学习的过程中，可以就读、听、说、写等方面的问题在交互式的网络平台上自由地与其他高校生进行讨论、互相帮助、互相启发、相互评估、开阔思维、激发学习兴趣，共同提高语文应用能力。总体上，多媒体技术的迅速发展推动了语文教学的改革，其特征表现在以下几个方面。

（一）便利信息存储的利用

以信息为基础的多媒体网络，具有信息存储、提取、双向传输等非常方便的优势，因此特别适用于教育，更有利于教学的信息传播机制的建立。

（二）促进发散性思维的培养

互联网具有非线性、非结构性，存储扩展想象任何功能的特征，其更加符合人类思维的特点。在互联网环境下，学习者通过非结构、非线性材料的信息状态下的自我学习，可以通过发散性思维来解决问题或学习，实现创造性思维提高灵活运用知识的综合能力，因此互联网对教育的影响特别大。

（三）促使学习个别化的实现

互联网有利于实现个人的学习目标价值。由于每个高校生的需要、学习经验，以及在互联网方面存在差异，同时在教学的多层次、多角度的信息的背景下，没有一套模式化的学习目标和学习路径，学习者可以根据自己的需要，选择适合自己的学习路径、学习内容。良好的人机界面的导航机制，交互式网络系统，让高校学生充分发挥其能动作用，积极参与到学习过程之中。此外，高校学生还可以自行选择学习内容，控制学习的步调和速度，因而可以做到因材施教，实现了个别化教学。互联网网络教学模式，一方面利用图片、文字来表

达各种不同的动态内容，另一方面通过声音模拟教学和设置一系列多维教学元素，提高效率和教学质量。

二、互联网推动大学语文教学方法的创新

一些高校学生因为自身的语文基础较差，所以在对层次相对较高的大学语文内容的认知中存在着较大的困难，以致失去兴趣，产生畏难情绪，令语文学习成为单调、沉闷、枯燥无味的代名词，导致整体语文水平很低。为激发学习的主动性，调动高校学生学习大学语文的兴趣，教师可以利用互联网创设情景，使高校学生如闻其声、如见其人，仿佛置身其间，如临其境，师生就在此情此景之中进行情景交融的教学活动。欢快活泼的课堂气氛是取得优良教学效果的重要条件，高校学生情感高涨可促进知识的内化和深化。为了强化高校学生的语文听说技能，大学语文教师可充分利用多媒体，针对教学内容，开展辩论、课本剧表演等实践性强的课堂活动，从而使演的和看的高校学生全部进入角色，在轻松欢乐的气氛中增长知识，提高口头表达能力。

三、互联网推动大学语文教师的专业成长

语文教师课堂教学技能的培养应是现代方法与传统方法的统一。在互联网背景下，教师课堂教学技能渗透了互联网要素，并由此产生了新的变化，因此其培养的方法应该是现代方法与传统方法的统一。例如，导入技巧、语言艺术、提问技能等的提高，既要注重传统的方法如操练、训练、老教师的言传身教，又要使用现代手段（微格教学、语音复读、电视摄像、录音、计算机课件等）来提高课堂教学技能，其主要有以下五点作用。

（一）推动学徒制发展，提高示范教师的指导水平

学徒制活动是一种古老的教育教学活动。它往往是在真实的生活生产实践中进行的。在现场的活动情境存在真实的教与学的信息，师徒可以深入沟通。[①] "学徒可以通过顿悟和直觉习得那些难以言传但可意会的技能，可以习得未被师徒双方明确意识到的重要的信息"。现今，学徒制活动已被赋予新的形式和内容。例如，为学徒的领悟提供方便，教师可以借助思维描述来展现自己的思维路径。在这个过程中，师徒可以用角色扮演和角色互换来增强学徒的学习效果。通过一个熟练掌握了互联网、具备较高课堂教学技能的"师傅"——教师，传授课堂教学技能给其"徒弟"，体现了指

---

① 李凤营. 中学物理概念建构及创造性思维培养研究 [D]. 吉林：东北师范大学, 2005.

导教师的榜样作用，既影响学习者的学习态度和动机，又直接促进其对这种技能的颖悟。

（二）奠定技术支撑，完善教学子技能的掌握

加涅认为，智慧技能由简单到复杂包含四个层次，即辨别、概念、规则和高级规则。高一级智慧技能的学习须建立在对低一级智慧技能的掌握之上。这说明，"学习课堂教学技能是一个逐级提高的过程，复杂课堂教学技能的学习往往要建立在相对简单的子技能的获得基础之上"。[①] 互联网环境下，课堂教学技能可以分解成许多子技能，子技能之间形成一种层级关系。根据加涅的理论，在掌握低一级的技能后再学习高一级技能是学习课堂教学技能的关键。

（三）营造良好环境，形成积极情感信念

情感在学习中很重要。互联网环境下大学语文的教学技巧形成过程是一个情感沟通的过程，是语文教师的价值观念不断播散的过程。在已获得的课堂教学技能中也应蕴含着丰富的个人情感，只有蕴含着丰富的个人情感的课堂教学技能才能稳定、巩固下来。

（四）促进教学反思，提升教学效能感

反思在教师专业发展中颇受重视，它有助于教师成长。波斯纳曾提出一条教师成长公式：经验＋反思＝成长。反思要做到坚持创作与高校教学过程教学密切相关的日志，对优秀教师的教学过程进行观摩考察，对自身的教学体验进行实践升华。[②] 教学效能感是教师根据以往经验及对教育理论的了解，确认自己能有效地完成教学工作，实现教学目的的一种信念。教学效能感影响教师在工作中的情绪、努力程度、经验总结和进一步学习，影响教师学习和工作的积极性。

四、互联网推动大学语文教学硬件的优化

电教手段能使语文教学变得生动、形象、直观、有趣，能充分激发高校学生的学习兴趣，能调动高校学生学习的主动性和积极性，能强化高校学生对知识的记忆，有利于知识的巩固和提高。由于高校学生把主要的精力投注于自身未来发展关联性密切的专业技术课程，而语文对高校学生来说相对乏味，并且从其角度来看与就业关联不大，所以，很多高校学生认为学语文没有什么价

---

① 赵欣. 论语文教学中的人格教育 [D]. 济南：山东师范大学，2006.
② 韩孟华，王春清. 教学反思的意义、内容、方法与途径 [J]. 齐齐哈尔师范高等专科学校学报，2007 (04): 94.

值。此外，很多高校生基础知识较差，开始学语文还有些兴趣，随着专业课比重的提升，语文学习难度的增加，越来越感到困难和乏味。在这种情况下，信息化教学就显得更为重要，因为它能够为语文教学建构学习知识的氛围。在这样充满交际性的环境中，高校学生在课堂上便能够全身心地投入大学语文课程的学习过程。高校学生一旦与所学知识产生积极互联，就会激发其产生成功感，学习动力也就有了不竭的源头，主动性和积极性也被调动起来了。并且，由于直观性主要作用于高校学生的视觉器官，把教学的内容以画面的形式演示，使其集中注意力，培养其观察能力和思维能力，同时借助这样的方式传播知识印象深刻，能给高校学生提供大量的色彩鲜明、真实生动的视觉形象，有利于加深教师传授知识的印象，方便教学。教师和高校学生之间可以开放性、全时空地沟通，通过这样极具现场性的沟通方式，长久地坚持下去，高校学生的语感就会大大提高。

第四节　互联网与大学语文课程整合的实践路径

一、互联网与大学语文教学环节的整合

（一）运用互联网提升备课质量

互联网可以运用到备课中，具体看来就是以大学语文学科和高校学生自身的特点为基础，综合运用互联网搜集与大学语文教学有关的素材，如诗歌、散文、戏剧等，并以此为基础形成课堂教学预设的各个环节。运用互联网将自己准备的诸多内容，以幻灯片等信息载体的形式表现出来，还可以利用互联网将与大学语文教学有关的内容进行网络共享。

（二）运用互联网课堂改进授课效果

语文教学方法有很多，教师试图将语文知识传递给高校学生的整个互动过程称为大学语文课堂讲授。传统语文教学多以教师为知识元的一维灌输，由于其趣味性不高以致高校学生感觉索然无味，学习效果大打折扣。然而，当大学语文教师将现代互联网整合进课堂之中，依靠多媒体和网络形式多样的特色，发挥多媒体信息量丰富、图文并现、快速方便的技术优势，帮助高校学生学习字词、了解语言、分析文章，便可收到事半功倍的效果。例如，在学习古代文学的有关内容时，由于这些知识在现实的语言交际中使用不多，同时缺乏相应的生活场景铺垫。因此，为了更好地理解课文内容，开阔高校学生视野，丰富

知识，引导高校学生上网搜索与所学内容有关的古代文化的影响与图片，让高校学生通过相互交流，彼此沟通，从而在头脑中构建起相应的思考背景，为以后知识的学习打下良好的感性基础，也为高校生提供了遇到问题自己解决、主动学习的途径。此外，为了使高校学生更好地掌握诗词内容，可以通过提高他们的口语表达能力和想象能力，来达到让他们通过声画同步的画面自己创设情景的目标。互联网的多种表现手法，既消除了高校学生学习的紧张感，又扩大了时空观，大大提高了高校学生学习的效果，使教学难点迎刃而解。

（三）运用互联网盘活第二课堂

第二课堂活动指的是为了延展大学语文课内教学所安排的各项学习效果，从而将部分内容位移的过程，常见的第二课堂活动有辩论、专题性突破等形式。将现代互联网融入教学活动中，目前最受重视的还是网络课题式学习。高校学生学习的内容被划分为一定的学习单元后，他们可以选择适当的课题，从网络资源中自行寻找问题与解答方法。高校学生成为自主的学习者，以主动积极的方式探求知识，不但学到了自行寻求资源解决问题的态度与方法，使学习过程变得活泼生动，而且自主认知的知识令高校生印象深刻，不易遗忘，这样便可以更好地盘活第二课堂。

（四）运用互联网优化高校学生评价

评估是指学习课程内容结束后的表现，即高校学生所进行的评价活动，包括实施过程的评价和评估结果。评估方法包括使用软件统计数据分析图表等互联网手段，根据分析结果以便教师调整教学内容及进度，以加强学习效果。

二、互联网与大学语文教学方法的整合

（一）具象文本内容，提升综合素质

大学语文新教材中，有许多文质兼美的经典传世之作。对于这些古今中外的诗词文赋，咀嚼鉴赏，高质量的诵读是最为直接、最为有效的办法，这比任何枯燥的空洞的分析解说要好得多。此时给文本配上合适的声音和图像会令意境全出，在美的氛围中更能体味文本的内涵和美。这是一种惬意的诗化的教学境界，在这种境界之中，高校学生的文化品位和审美情趣就会日渐提高。

（二）整合多元资源，奠定知识基础

现代互联网打破了只有教师占有资料的统治局面，教师的资料可以借助多媒体分享给高校学生，高校学生可以随时从网上获取一些相关的资料，如作家作品介绍、时代背景、写作情况等。这不仅有利于高校学生知人论世，加宽加深对作家的认识、对作品的理解，而且有利于高校学生搞研究性的学习，逐步

培养高校生做学问的良好习惯和善于钻研的科学精神。

（三）营造联想意境，激活高校学生思维

语文的主要凭借是文字，而文字是实际生活的反映，所以注意调动多种艺术手段将文字与具体的事物进行转换，更能显示两者之间的关系，从而激活高校学生的思维。例如，一种秋天的思绪，马致远用"枯藤老树昏鸦"等文字来表达，那么多媒体可用一支乐曲、一幅图画等方式来表现；人物的音容笑貌、言行动作，小说家用文字来描绘，那么多媒体可以用演员表演来体现，让高校学生有更加直观的感受。多项的艺术联想与转换增设了教学情景，强化了教学效果。

（四）丰富对话渠道，改进师生互动

交互性是现代互联网的重要特征之一，多媒体和网络的使用，大大地拓展了高校学生讨论与交流的渠道，使小组活动、班级活动更易组织。师生之间、高校学生之间的交流更为广泛和便捷，尤其是可以不受课堂时空的限制，通过网络与外班、与外校交流。这样，相互间的信息反馈也更为及时，便于教学的调控，便于互相促进，真正能够做到在交流中增进合作、在合作中加强交流。

三、互联网与大学语文教学内容的整合

（一）阅读教学整合

在阅读教学中，要完成教学目标，关键是要让每个高校学生都能全身心参与学习过程。在互联网环境中，高校学生有充分的时间主动感悟、搜集和分析相关的信息，对所学的问题进行思考、讨论，提出各种假设并努力加以验证，再经过引导步入新的境界，使学习主体参与教学，形成"发现问题—积极探究—追求创意"的模式，促进学与教的优化。

（二）作文教学的整合

写作教学一直是大学语文教学的一大难题。与传统写作教学相比，把互联网引进写作教学，明显提高了写作教学的质量。

经过研究，我们创建了"双主作文教学模式"，这种模式既突出了教师的主导作用，又突出了高校生的主体作用。这种教学模式是由以下几个环节组成的。

第一，创设写作情景。通过多媒体和网络为高校学生创设一定的情境，从而激发高校学生写作的热情和冲动。写作的兴趣始于视听的冲击和心灵的感触。因此，写作文前如果有意识地把高校学生外出活动的情景、生活中的画面、大自然的美景录制下来，在课堂上根据需要播放画面，使高校学生感悟形

象，心灵有所感触，就会激发高校学生的创作热情。

第二，铺设写作素材。运用互联网进行作文教学时，学生可随机调用计算机提供的相关资源或到网络上寻找素材。这样的作文教学方式，使高校学生的主观感受得以表现，内心情感得以流露，个人智慧得以展现，激发了高校学生的求异思维，使高校学生的想象力由再现想象向创新想象发展，为高校学生的个性发展提供了空间，使作文课成为欣赏课，从而实现了"要我写"到"我要写"的巨大转变。

第三，优化创作过程。高校学生通过键盘把自己构思好的内容转化为书面语言，输入电脑中，并对文章的不当之处进行修改加工。

第四，创新文后评价。高校学生互评、教师点评后，让高校生修改自己或别人的作文，并传送到校园网上发表。传统的作文教学，往往是把高校学生的作文，上交给教师批改，高校学生的作文缺乏交流，互改作文层次不一，能力提高慢，利用高速校园网就可以克服这一不足。在不侵犯隐私的纯学术背景下，高校学生作文以移动工具或电子邮件的形式上交给教师，也可以保存在自己的文件夹中，这样就可以让所有的高校学生在网上共同阅读。高校学生在浏览其他同学的作文后，以小组形式讨论，互相批改，写出批改评语。然后，教师有的放矢地对修改后的几个高校生的作文进行点评、总结。这种修改方式方便快捷，提高了反馈作文的效率，真正实现了资源共享和广泛互动交流。

（三）综合性学习的整合

1.细心设计问题，推动高校学生思考

这个阶段是教学设计的准备阶段。教师应根据高校学生本身的学习能力和知识背景，依据大学语文学科的特点，为高校学生选择具有挑战性的或高校学生比较感兴趣的问题。所给出的问题要具有选择性和灵活性，所选问题最好与高校学生的知识、经验结合起来，使他们可以根据已有的知识基础，利用网络和其他相关资源就能够解决问题。教师在设计问题时要认真分析高校学生现在知识水平与实践能力，紧紧围绕教学目标，要明确高校学生在课前需要具备哪些知识，高校学生在课程结束时需要掌握什么知识和具备什么技能。

2.耐心点拨高校学生，有效利用资源

今天的互联网已经为全人类所拥有，每天都有新的网站加入、移动或删除。目前，谷歌的搜索引擎能浏览上亿个网页。全球最大的中文搜索引擎百度最近更新了数据库。为了使高校学生不会迷失在信息的海洋中，教师应当给高校学生提供解决问题的学习资源或进行导航，其中包括相关的网络地址、参考书目、文献索引以及其他多种媒体资源。教师还应该向高校学生介绍当前有效

的网上信息检索、发布的工具软件或站点，以便于高校学生查找信息，从而减少高校学生查找信息资源的盲目性，少走弯路。同时，要注意筛选、分析、加工信息，在具体落实中，高校学生以小组的方式阅读、筛选、分析、讨论所获得的信息，对这些信息进行甄别、选择与问题相关的信息，同时对信息的来源和原始信息做好记录。然后，高校学生将收集到的信息进行分类，及时收集更多信息来进行补充，将信息按类别组织、形成纲要。在此过程中，教师应明确地告诉高校学生要完成任务需要的时间是多少，并对学生在信息的收集、整理、分析过程中可能遇到的问题进行答疑。教师应随时监督高校学生学习的过程，同时要鼓励高校学生积极评价所收集到的资料的实用性，并删除错误的或误导的信息，最后对符合的信息、按照事理之间的逻辑性进行组织。高校学生之间的相互交流是基于网络这一资源的，它是保证学习效果和质量的一个重要因素。学生可以面对面地探讨问题，还可以利用互联网提供的交互手段进行学习交流，使交流变得开放和随意，可以做到"畅所欲言"，学生之间可以相互启发、相互帮助、开阔思路、共同提高。

3.精心构建体系，适当予以评价

评价是教学设计开发的一个重要环节，它包括高校学生在资料查询期间的形成性评价和资料整理后的总结性评价，还有小组之间和高校学生之间的互评和自评。形成性评价是资料查询阶段的反馈过程，它的目的在于不断调整和修正高校学生分析、思考的要点，为高校学生得到合理答案提供正确的指导方向。总结性评价是在高校学生对查到的有用信息整理分类后，用工具或页面将其条理清晰地呈现出来。高校学生作为"教师"讲述他们从查询信息中得出的结论，而教师在听高校学生讲述的过程中，可以随时根据展示内容提问，在听完高校学生的讲述后，从准备资料是否充分准确、发言是否条理有序、结论是否科学合理等几个方面对高校学生的学习成果进行评价。另外，可以将高校学生个体的自评同教师、其他高校学生的他评结合起来，这样使得到的结论更加真实。教师还应当与高校学生共同回顾概念形成或问题解决的过程，分析学习过程中运用和发展了哪些信息技能、掌握了哪些知识、有没有更好的捷径等，分析利弊以利于高校学生信息收集处理能力的形成。

（四）互联网与大学语文教学模式的整合

把传统的教育教学模式与互联网结合起来，探索提高教育教学质量的新途径，同样是课程整合的有机组成部分。把互联网与大学语文教学模式进行整合这方面，具体的整合教学模式有以下几种。

1. 呈现式教学模式

所谓呈现式教学模式，就是指教师事先利用各种教学软件，制作好教具，然后在教学过程中按照教师的意图进行播放，依次来展示给学习者，促进学习者的认知的教学模式。这也是最常用的、最简单的教学方式。

2. 自主学习教学模式

素质教育提倡"学生为主体"的教学思想，提高学生主动思维的空间。把互联网整合到大学语文学科教学当中，就是培养高校学生主动参与学习的思维意识。例如，许多大学语文教师都感到大学语文作业中最难批改的是作文，即使教师批改过了，学生也常常难得看一眼，班级学生人数又多，不可能做到每一个都当面批改，怎样才能达到作文教学的最佳效果呢？有位教师在授课时充分利用了互联网进行教学。每一次作文批改时，教师都留心挑出能代表大部分高校学生的造句模式的典型错误或有代表性的优秀习作，利用 Power Point 制作出幻灯片，将有错误的地方或精彩的语句用不同的颜色显示出来，让他们自己修改病句或欣赏优秀习作。在一次作文课上，教师将一篇学生习作展现在屏幕上。然后，教师将全班学生分为若干小组，让他们对照评分标准对该作文进行评分，并派代表说出评分理由。这篇作文出自考试试卷，来源于高校学生中间。以往常常是教师讲评，学生接受，但这次将角色转化了，学生们显现出了浓厚的兴趣。其中一个小组提出了以下意见：该作文结构清晰，基本完成了试题规定的任务，覆盖了题目要求呈现的所有主要内容，易于理解，但存在一定量的语法结构和词组应用方面的错误，所以给出低分的评分。他们的意见得到了多数同学的认可。随后，教师要求学生对文章提出修改意见，并在他们兴趣高涨的时候把能表达他们心中所想内容的正确方法一一通过多媒体演示出来。此举不仅活化了知识材料，调动了学生的学习积极性，而且巩固了知识，培养了学生的语言表达能力，有效地增强了学生学习的主动性。

3. 研究性教学模式

研究性教学模式，就是运用网络信息资源对当前学科教学问题进行探讨与研究。这种模式可以用来扩展知识，培养高校学生的自学能力。大学语文教学中要涉及语言的自身规律和相应的社会环境、风俗习惯、民族心理、历史文化等，这些东西对高校学生来说是不太容易理解的。教师可采用研究性教学模式，根据大学语文课程的教学内容，利用互联网提供的"加工工具"将所呈现的学习内容进行收集、加工、分析、处理，整理成多媒体、超文本的学习资源，或者使用网络，为高校学生创设一种直观形象、生动有趣、便于理解记忆的语言环境和语言交际情景的场面，让高校学生在学到课本知识的同时，视野得到扩展，使能力强的高校学生能学到更多的知识。在某节整合课上，教师带领学生进入了关于主人公的一个网站，让他们自由查询关于作者的内容，帮助他们顺利找到了大量关于主人公的介绍。传统的阅读准备课程往往是教师准备大量图片或文献资料给高校学生口干舌燥地讲解，一黑板的文字更令学生感到索然无味，但是采用网络及多媒体的教学手段，这节课变得充满乐趣，有助于加强高校学生对学习内容的理解和学习能力的提高，还进一步培养了学生的探索精神和创新能力，教学效果更加明显。

（五）互联网与大学语文学科特色的整合

从语文学科的特点来看，学生所学的语文知识不仅是前人创作的结果，还是当代人思考的结晶。学习这些知识必须通过自己思考、自己感知、自己体验，把他人的思维结果转化为自己的知识结构。中国著名语文教育家吕叔湘指出，学习语文的正确方法是实行"再创造"，也就是由学生本人把要学的东西自己去发现或创造出来。作为教育者要突破传统方式，以现代教育理论和教育媒体为依托，不断探求以学生为主体的教学模式，以达到有效地实现知识训练能力的价值。互联网的应用可以帮助教师"描述"思维过程，但不能"再现"思维过程，因此在语文教学中应用互联网，教师必须进行两方面的分析。一是分析高校学生。在这里尤指分析高校学生的语文思维发展水平，它包括高校学生的认知发展水平、非智力因素的养成两个方面。对于教师所要讲述的问题，高校学生经过深入思考能否内化成自身的认知体验，还是绝大多数人不能解决抑或是绝大多数人都能很快解答，他们对这一内容是否感兴趣，这些分析对教师如何用互联网起着决定性的作用。二是分析教材。在这里要强调分析教学内容中是否存在一些用常规的教学媒体无法表现或不能很好表现的地方，进而分析计算机媒体所擅长的动态演示，图、文、声并茂的功能对此处的教学是否有利。有了这两方面的思考，教师才有可能在教学中更好地应用互联网，通过各种手段，包括适时、适量的讲解来暴露思维过程。运用现代互联网，依据高校学生的思维特点和阅读习惯，激活教学内容，再现知识的进展过程。

（六）互联网与大学语文教师技能的整合

课堂教学技能作为一种教师职业技能，是由十种要素组成的，它们是导入技能、语言技能、讲解技能、提问技能、变化技能、板书技能、反馈技能、演示技能、结束技能、课堂组织技能。这些技能各有侧重，是构成课堂教学技能的基本要素。这些技能在互联网环境下渗透了互联网要素。下面对四种有代表性的课堂教学技能在互联网环境下的特征进行分析。

1.导入技能

导入是教学进入新课题时的教学行为。导入技能的基本任务是引起高校学生的学习兴趣，形成学习动机，以及为产生教学过程的动力创造条件。传统导入方法有上课时的开场白、实物演示、实验和提问等。在互联网环境下，语文教师可以通过播放课件、视频、音频材料、计算机模拟演示、上网查询调查等复习旧知识导入新课。多样、巧妙地导入技能，更易于引起高校生的学习兴趣，形成学习动机。

2.语言技能

语言技能是指使用语言传播教育教学信息的一种技能，该技能的获得与教师的语言能力、训练情况等有关。在互联网环境下，可以利用现代互联网手段培训教师的语言技能，更重要的是可以借助互联网手段如电声教学媒体，以语言为载体传递教育教学信息。语文教师使用扩音设备教学的技能、使用互联网网络进行语言教学的技能、使用语言实验室的教学技能，都是语言技能在互联网环境下的扩展。

3.板书技能

传统的板书技能主要是指用粉笔在黑板上书写教学内容的技能，包括文字的书写、板面的布局、文字书写的先后顺序等技能。在互联网环境下，由于黑板不再是书写教学内容的唯一地方，课件、PowerPoint演示文稿、网页等都是教学内容呈现的载体，字体字号的选择、页面的布局、教学内容呈现的先后次序等都是互联网环境下语文教师课堂板书技能的重要内容。

4.课堂组织技能

传统环境下，课堂教学组成要素是高校学生、教学内容、教师。在互联网环境下，课堂教学组成要素增加了一项重要内容——教学媒体。教学媒体与课堂亲密接触，使课堂教学组织形式出现了新变化，即在课堂上何时使用教学媒体、使用多长时间为宜，在网络环境下如何组织教学，这些为课堂组织技能添加了新的内涵，使语文教师的课堂教学技能呈现新的特征。

第四章 现代教育技术与大学语文的融合与应用

第一节 现代教育技术概述

随着信息时代的到来，以及我国教育教学改革的不断深入，现代教育技术已纷纷进入了各个高校。如今的高校教育正肩负着培养高素质现代化和信息化的实用型技术人才的重任，现代教育技术的推广与普及，为高校人才的培养提供了新的契机。以计算机多媒体技术和网络技术为核心的现代教育技术在大学语文教学中的运用是时代发展的必然趋势，也是改变目前大学语文教学现状和提高教学效率的有效途径。现代教育技术在语文教学中的运用，不仅有助于语文教学质量的提高，还对提高学生的综合素养、养成自主学习和终身学习的品质具有重要的现实意义。

容世彦和仲池中对现代教育技术的定义是"以现代教育理论和思想为指导，使用多媒体技术的手段和方法，通过对教学过程、学习过程和教学资源、学习资源的设计、开发、利用、管理和评价，实现最理想的教学，让学习变得更有意义，促进学生全面素质发展的理论与实践"。李兆君、刘天华等提出现代教育技术是指在现代教育理论的指导下，利用现代信息技术对教学过程和教学资源的开发、设计、利用、评价和管理，从而实现教学优化的理论和实践。黄堂红对五种现代教育技术专家的解释进行了概述，详细分析了该概念，同时指出现代教育技术的种类，它包括模拟音像技术、数字音频和视频技术、计算机多媒体技术、卫星广播电视技术、互联网通信技术、人工智能技术、虚拟现实仿真技术。黄荣怀、沙景荣认为以现代教育技术为突破口，逐步深化教育教学改革已成为人们的共识，而且与素质教育、信息化教育、创新教育、培养创新人才、建立终身学习体系等重大问题密切相关。综上所述，现代教育技术是指在现代教育理论和教学思想的指导下，将计算机技术、网络技术、多媒体技术与现代先进的教学方法运用于教学活动的一个整体概念。

现代教育技术具有如下的特点。

（1）信息传输量更大、更便捷。以多媒体和网络为核心的现代教育技术能实现网上资源的共享。人们可以通过互联网的搜索网站，迅速地找到自己所需要的资料，且一目了然，甚至可以利用网络在任何时间、任何地点以声音、图像或影像、数据等多媒体方式相互交流和传递信息。

（2）呈现方式的多样化。多种媒体的组合，实现外部图像、声音、影视等各种媒体信息的融合，并通过计算机来进行加工与处理，然后以文字、图片、声音、视频等多种方式输出，实现输出方式的多元化。

（3）网络的交互性。信息时代的到来，互联网的飞速发展，打破了时间与空间的限制，实现了人与机器、人与人及机器间的互动交流的操作环境，并给人带来一种生动逼真的情境。另外，还可通过网上邻居、网络传输快捷地实现信息资源的共享。email、BBS、Blog 及各种即时通信工具更是为人们的交流与沟通提供了更广阔、更自由和更轻松的平台。

第二节　现代教育技术在大学语文教学中的必要性与可行性

在大学语文教学中，为什么要将现代教育技术运用于其中呢？分析和解决这个问题便是现代教育技术与大学语文教学整合的前提条件。之所以是前提条件，主要是从两方面来进行考量与认识的。首先，只有分析和证明大学语文教学中运用现代教育技术的必要性和可行性，才能顺理成章地阐述现代教育技术在大学语文教学中的应用。其次，只有证明了现代教育技术在大学语文教学中所占的位置，才能以最合理的方式来对待现代教育技术的运用。

一、现代教育技术在大学语文教学中应用的必要性

（一）时代发展的需要

进入 21 世纪，人类社会已经迈入了一个高科技飞速发展的时代——信息时代。在这个知识大爆炸的时代，信息量迅猛增加，学生所需要学习和获取的知识也在不断增加，但教材的信息量和知识结构相对落后，传统的教学模式受到了巨大的冲击，已明显无法适应信息时代经济和科技发展的要求。

在这样的社会背景下，如何才能使我们的教育紧跟时代步伐？这很大程度上需要将现代教育技术引入教学中来。因为教育技术的融入，可以使教育面貌

发生翻天覆地的变革，它不仅可以改变传统的教学手段，活跃教学氛围，在教学思路、模式和教学方法上、教师和学生的角色定位上都能够开辟新的途径，提高教育教学的效果和效率，推动并促进教育教学改革的不断深入和发展。

在这知识"大爆炸"的时代，社会分工逐渐细化，用人单位对人才提出了更高的标准，越来越看重学生的综合素质。因此，高校教育的培养目标也在相应地发生改变。按照高校教育原有的人才培养策略，学生的专业培养是教育教学的重点。在这种策略中，明显忽略对学生其他能力，如社会适应能力、团队合作能力等的培养。学生的综合素质有所欠缺，同样在就业过程中受到阻碍。因此，高等教育应以素质为本位，重视学生的整体素质的培养，让学生在充分掌握专业技能的基础上，成为综合素质高、具有社会责任感和完善人格的可用之才。

对语文学科来说，在高等教育的课程体系中正确地把握自己的定位，是其发展之道。在变化的大背景中，要有良好的心态和高等教育的服务理念，让大学语文脱离专业的寄生关系，更好地服务于高等教育。所以，大学语文应该结合专业特点，注重知识的应用性与实用性，和谐发展语言能力和职业能力。大学语文是一门公共基础课，它注重高校学生的整体素质，是人文性和工具性的统一。其丰富的内涵和强大的包容性在培养学生综合素质方面产生了极大的影响。一方面，语文教学细致剖析文学作品的深层内涵，形成独特的情景来感染、熏陶、影响学生的思想和情感，从正面引导学生树立正确积极的价值观、健康向上的性格特点。另一方面，语文基础教学对学生综合素质的培养是实现技能型人才培养的有力助推器。如果仍然坚持传统观念，继续沿用传统的教学模式，势必成为时代的落伍者。所以，将现代教育技术运用于语文教学，是培养时代所需人才的必然要求。

（二）语文学科自身发展的需要

从语文学科的特点来看，它不仅有着其自身的学科体系，还是一个融其他学科（如历史、地理、人文、宗教、科技等）知识、观点和方法为一体的具有综合性、系统性的交叉学科。而这些学科都与时代紧密联系。现代教育技术的运用不仅有利于语文教学知识的拓展，课内与课外相结合，还为学生的语文学习创造了更为广阔的时间和空间，并为各学科之间的相互联系提供了更便捷的途径。

从大学语文课程改革的情况来看，课改导致了语文教学课时的紧张。教学内容在不断更新和增加，而课时却在相应减少。通过调查，我们发现在各院系的人才培养方案中，语文在课程体系中所占的比重在逐渐下降，能否在有限的课时内完成规定的教学任务成为每个语文教师都极为关注的问题。目前，教育技术已经在各个高校得到了广泛的推广，这一点从学校的相关设备情况可以反映出来。教育技术的普遍推广和使用，推动了高校各项教学改革，同样在语文教学方面，也在不断地改善着语文教学环境，其突出表现为教学模式的转变，即基于计算机网络的语文多媒体教学模式的应用。这种多媒体教学模式为教师和学生同时提供了一个非常开放和自由的多媒体网络环境。信息化网络教学令语文学习具有广泛性、丰富性和多样性，能全方位地刺激高校学生。高校生在学习的过程中，可以就听、说、读、写等方面的问题在开放、自由的网络平台与其他同学进行交流和讨论，通过相互的帮助、启发、评估和开阔思维来激发学生的学习兴趣，使其语文应用能力得到共同的提高。现代教育技术的发展对语文教学而言是功不可没的，它深刻地影响了语文教学的方方面面，尤其是显著提高了语文课堂教学的实际水平。

（三）现代教育技术与大学语文教学的契合

在大学语文教学中，要想实现现代教育技术的有效运用，需要在理论层面对其进行更深入的研究。从现代教育技术与大学语文教学的契合点出发，分析语文学科中现代教育技术的定位、现代教育技术条件下语文学科的特性、语文学科与现代教育技术的融合，从这三方面进行论述，从理论上明确现代教育技术与大学语文教学相结合的必要性。

1.现代教育技术在大学语文教学中的定位

为了实现现代教育技术与语文教学的整合，应先对现代教育技术在大学语文教学中所处的地位，其对语文学科产生哪些作用有一个清楚的认识。只有弄清了这些，才能在语文教学过程的运用中使现代教育技术找到最合理和适当的位置。

（1）现代教育技术是教学的辅助工具，用来实现语文教学的优化。对大学语文教学来说，现代教育技术就是一个辅助的工具，其所产生的影响和意义与粉笔、黑板对教学的意义没有本质上的区别，它们都是为教学提供服务的工具，而真正对教学产生重要的影响不是技术，而是将这些教育技术运用于教学中的人。在语文课堂上，教学能否成功，关键不在于是否运用了现代教育技术，而在于教师能否将这些技术较好地运用于语文教学中。在教学中，教师的地位是不可能被现代教育技术所取代的。之所以使用现代教育技术，并不是要向学生展示多媒体、网络等技术的多姿多彩，而是希望通过教育技术的运用，更好地紧扣教学内容，突出重点，抓住学生的注意力，从而有助于教学任务的实施和完成，并取得良好的教学效果。

（2）现代教育技术与传统教学媒体和教学手段的关系。现代教育技术的发展，对传统的教学媒体和教学手段都带来了巨大的影响和冲击，但这种冲击并不是要对传统进行全盘的否定。相较于传统媒体，现代教育技术确实拥有着强大的优势，但它并不是"超媒体"，只是对传统教学媒体进行更好的拓展和补充，不是取而代之。所以，无论教学媒体如何发展，这些媒体都拥有着其自身的价值而不可替代。至于在教学中选择哪些媒体，其重要的依据之一就是教学内容，能将教学内容以最合理、最高效地方式传授给学生的媒体就是最合适的。

2.现代教育技术条件下语文学科的特性

（1）语文的工具性与人文性的统一。与其他学科相比较，语文课程有着其自身的特性，即工具性与人文性的统一，这也是语文课程的基本特点。而语文的工具性主要是在语文学习的过程中，让学生运用语文的能力得到培养和提高，掌握好语文这个工具，能够表达自如，思维活跃，并将文化传承下去。所以，在语文课程中，需要给学生提供更多的时间和空间去进行语言训练，在训练中了解语言现象，找寻规律，从而实现培养学生语文能力的目的。而语文的人文性则是指通过丰富的人文资源对学生个性的培养、人格的塑造、精神世界的丰富实施关怀，注重学生树立正确的价值观、培养积极向上的人生观以及健康的审美观等。

语文的工具性与人文性的关系是非常紧密的，二者相互依存，相互促进。只有注重语文的工具性，才能使人文性得到更好的发展。而只有语文的人文性得到充分的重视，工具性才能得到更好的发挥。脱离或肢解文本，一味地进行语言训练或架空文本，忽略语言实践的做法都是有问题的，这些做法对学生的语文学习都是非常不利的。

（2）语文的言语性与情感性的统一。在语文学科自身的特性中，言语性是它区别于其他学科的基本性质之一。叶圣陶也早就指出，"平常说的话叫口头语言，写到纸面上称为书面语言。语就是口头语言，文就是书面语言。把口头语言和书面语言连在一起说，就叫语文"。也就是说，语文学习的过程其实就是学生学习和运用语言（口头语言＋书面语言）的过程。言语性的特点即要求在语文学习过程中的一切活动都必须是为言语活动的开展提供服务的。由此可见，语文课程最重要的目标就是让学生在听说读写的活动中得到充分的锻炼，从而提高学生的言语表达能力。

语文教育的情感性主要表现在以下几个方面。首先，从教学主体来看，无论是教师还是学生都有着丰富的情感，都是有血有肉的生命个体，不管是在课内还是在课外，教师和学生之间都需要进行情感的交流和心灵的沟通，拉近心理之间的距离。其次，从教学目标来看，情感性目标是教学活动的重要目标。在教学中，除了要给学生教授知识和学习方法，还要注重学生积极健康、乐观向上的情感的培养。作为人文性较强的学科，语文教学中的情感目标是必不可少的。再次，从教学内容来看，语文教材中所选择的文本，不管是哪一种文体或形式，无不是作家情感的流露、智慧的结晶，而且一定蕴涵着深厚的情感因素。这些丰富的情感因素大都是在向人类传递真诚、善良、友好、美丽的高尚情感。这些文学作品为语文教学活动带来了多种多样的情感素材，为情感性教育活动的开展创造了广阔的空间，这正是语文学科所独有的特性。所以，在语文教学过程中，语文的言语性与情感性是相互依存，相辅相成的。一方面，学生通过对文学作品言语的欣赏，充分去感受文本中所蕴含的情感性因素，感受作者通过作品所传递出的真情实意，从而实现与作品情感的交汇融合；另一方面，学生可以通过语言文字将内心最真实的想法表达出来，实现文道合一。

（3）信息时代语文教学内容的新特点。语文是人与人交往的最重要的工具，是人类文化的重要组成部分。作为一门基础学科，语文的教学内容包含了阅读、写作、口语交际等。在语文学科中，阅读教学的主要目标就是帮助学生掌握阅读方法，学会阅读。

随着信息时代的到来，人们的阅读方式和对象也发生了一些改变。略读和速读越来越受到高度重视。阅读对象也由传统的纸质书籍向电子书籍发展。所以在教学中则应对信息的搜集和选择进行更多的考量，指导和训练学生如何在庞大的信息资源中搜寻有价值的信息，通过这种研究性阅读教学的尝试，使学生的信息收集、筛选和加工的能力得到提高。

写作教学是语文学科的一个重要组成部分。随着互联网的迅速发展，人与人之间的交流和沟通可以通过电子系统来进行，写作教学也面临重大的变革。写作最重要的就是将自己的真情实感表达出来，而现代教育技术的运用可以让学生更加自由、自如地抒发内心的想法和情感。同时，教师在批改学生作文时可以借助于教育技术，更加省时、省力和直观，更利于师生之间情感的交流、信息的互动。

口语交际主要是培养学生听话和说话的能力。当今社会，人们越来越重视听、说能力的培养，它们成为人们生存和发展必备的基本素质。信息技术的迅速发展，人与人之间的口语交际变得十分方便和快捷。因此，为了适应社会的发展，每一个公民都应该重视听说能力的培养，具备良好的口语交际能力。否则，将难以在现代信息技术社会中立足。

3.现代教育技术与大学语文教学的融合

西北师范大学南国农教授认为,"教育技术与课程整合指将教育技术作为教学辅助工具融入课程中去,以促进学生的学习。也就是将教育技术以工具的形式在教学系统各要素中出现,使其成为教师的教学工具、学生的认知工具、重要的教材样式、主要的教学媒体"。[①]

北京师范大学何克抗教授则提出,"教育技术与课程整合的本质与内涵是指在先进的教育理念和理论,尤其是主导——主体教学理论的指导下,将计算机多媒体和互联网为核心的教育技术运用于教学中,作为认知工具、情感激励工具去促进高校学生自主学习,作为情境创设工具去丰富的教学环境,并将其全面应用到各学科教学过程中,使各个教学要素、丰富的教学资源和教学环节,通过整合、组合和互相融合,整体优化而产生聚集效应,从而推动传统教学的根本变革,实现培养高校生创新精神,提高实践能力的目标"。[②]

在各位专家思考的基础上,著者结合本课题,认为现代教育技术与大学语文课程的融合,是指在行为主义、建构主义等教育理论的指导下,将教育技术的优势充分地利用和发掘出来,在特定的信息技术环境中,结合大学语文课程自身的特色,促进课程内容与信息资源的深入整合,以协调的方式推动大学语文教学任务的完成。

二、现代教育技术在大学语文教学中应用的可行性

(一)现代教育技术使语文教学更生动,使学习变得更轻松

大学语文教学中正在使用的教材是经过不断改革和更新的,更加符合现代化教育教学的目标,更加贴近现实生活。然而,有一些与现实生活脱节、比较晦涩的内容,使学生接受起来有较大的难度。而学生根据其已有的生活经验和现有的知识储备是很难找到合适的解决方法的。互联网技术的出现则提供了大量丰富的可用资源,在很大程度上为这样的问题找到了解决的途径。多媒体教学可以在课堂上实现视频、音频、动画等元素的组合搭配,以丰富多彩、交相辉映、声情并茂的方式给学生带来更多的视觉呈现;虚拟现实技术可以实现实时的三维效果,创造栩栩如生的画面,给学生一种身临其境的感觉。互联网不仅可以提供海量的资源,还不受时间和空间的限制,在将教学内容形象化的同时使学习的过程变得灵活有趣。在这样的学习氛围

---

①　南国农.教育信息化建设的几个理论问题.[J].电化教育研究.2002 (12):67.

②　何克抗.信息技术与课程整合[M].北京:北京师范大学出版社,2001:129.

中，加上教师的正确引导，学生的学习过程会更加轻松。从学生的角度来讲，互联网所提供的信息经过筛选可以成为语文学习的补充资料，可以用于课前的预习，还可以运用互联网自主地解决一些学习中遇到的难题，使学习效率得到极大的提高。

（二）现代教育技术激发了学生的学习兴趣与热情

在现代教育技术的实际运用中，通过生动、直观的视听资料、方便快捷的沟通渠道，可以大大吸引学生的注意，激发他们学习的兴趣。兴趣会引导人们去努力认识和理解自己所喜好的事物，在学习中也是如此。不少心理研究的结果都验证了这样的事实，学生在对学习内容充满兴趣时，他的大脑皮层会处于一种兴奋的状态，而促使他各项智力因素的提高，积极地投入精力去学习，这就是最好的教师是学生的兴趣的表现。苏联著名的教育学家赞克夫，曾大力主张在教学过程中努力去调动学生的积极性，关注学生微妙的情绪变化，塑造愉快而活泼的学习情境。在我们现在的教学中，教师有能力将视频、音频、动画等不同元素有机结合在一起，给学生带来多重刺激，以生动、逼真的视觉形象呈现知识，便于学生注意力的集中，引起他们的好奇，由此产生学习的兴趣。当学生身处新奇、刺激、探索的学习氛围中，他的思维会更加灵活，因而更容易激发想象和创新的潜力。

（三）现代教育技术更利于培养学生的创新精神与能力

如果对网络教学的认识仅仅停留在制作精美的课件上，那么显然是不正确的。学生如果只是观看课件而没有真正学到知识，那么再多的努力都只是徒劳。因此，教师应该充分利用现代教育技术在语文教学中的绝对优势，激发学生的主动性，提高学生的创新能力。借助网络平台，学生的各种感官系统都可以得到充分的调动，一改单纯地听或看的学习状态，让学生全身心地投入学习当中。在多媒体教学中，学生的想象力和创新能力都会得到大幅度的提高。例如，教师在制作课件的时候分设不同的窗口，让学生来自行讲解，锻炼他们的语言表达能力和创新思维。

在传统的教学过程中，教师居高临下地讲解和传授知识，学生被动地接受，这样的模式会对学生的创造力造成毁灭性的打击。然而，当现代教育手段广泛应用于教学之后，学生在更为丰富的情境中学习，可以充分地发挥自己的能动性，根据自己的喜好去选择适合自己的学习方式，拥有独立思考的空间，能更加主动地参与到学习中，不断地提高自己的创新能力。同时，学生和教师之间的反馈得到加强，教学的理论和实际之间形成了良性的循环。通过大学语文教育实践表明，正确地应用现代教育技术可以有效地激发学生的学习兴趣，更好地培养学生的学习能力。

（四）现代教育技术更有助于培养学生的合作精神和实践能力

在课堂教学中有效地开展互动式教学，需要创设合适的语言情境，营造出轻松的教学氛围。就语文教学而言，学生个人的积极参与，学生之间的合作，教师与学生之间的配合都是十分重要的。课堂中除了知识的传授，还要注重学生的实践。语言的学习需要不断地练习，因而生动活泼的语言教学环境显得极为重要。

学生需要自由表达思想、自如交流情感的平台，这也是对学生团队合作能力的培养和学生完整人格的塑造。学生在学习中，不单单是掌握了学习的方法、信息的整合、语言的运用，在此基础上，更高层次的目标是对学生合作精神和实践能力的培养。这就要求学生在合作中学会共享和分享，在互相学习、合作解决问题的过程中不断地锻炼自己的思维能力和创新能力。在现代教育技术提供的良好平台下，学生之间、师生之间的合作和互动应成为课堂教学的主要模式，对学生的培养也应该有所侧重。

在教学实践中，学生的能力应该是教师培养并引导的关键，学生从学习知识转变为提高能力，从以前的向教师学转变为自己学。在多媒体教学的环境下，学生与教师交流和沟通的渠道大大增加。与之相应，教师也应该转变自身的角色，积极主动地运用现代教育技术于教学中，充分维护学生在学习中的主体地位，激发学生主动参与知识获取的过程，培养其自主学习的意识，发展学生的个性。

第三节 现代教育技术在大学语文教学中应用的策略

一、现代教育技术在大学语文教学中应用的经验与问题

就当前教育技术的发展情况来看，在所需硬件方面，大部分高校已初步具有了相应的条件。此外，由于教育技术所带来的显著的积极效果，这些院校还将这一技术带到了教学中，并收到了一定的成效。但在语文课堂教学中，与我们预期效果大相径庭的是，很多语文教师并没有像我们所想象的那样非常依赖这一技术，主要原因在于这些教师对这些新技术的接受存在一定的迟缓心理，没有表现出运用这一技术的渴望。因此，要想真正落实教育技术对教育教学产生的巨大推动作用，使教师能够将这一技术与日常的教学活动结合起来，还需

要做出更多的努力。

根据前文所述，我们可以吸收和学习他人已经取得的成果进行深入分析。有鉴于此，通过对这些看似杂乱无章的观点进行系统总结，著者提出了以下观点。

（一）现代教育技术在大学语文教学中应用的经验

如今，世界经济和社会发展无疑都是向现代化和信息化不断靠拢，因此对人才的培养提出更新的要求。现在的学生仅仅有学业水平是远远不够的，信息检索、收集、分析、筛选、应用的能力才是现代社会需要的能力。许多学校的教师已经意识到了人才培养战略的改变，从而进行了一些行之有效的尝试，并积极积累现代信息技术运用的经验和技巧。以下是对现代教育技术在大学语文教学中应用经验的分享。

1. 现代教育技术的应用丰富了语文教学资源

教师在语文教学中使用网络最主要的目的就是获取充分的教学资源，这也是现代教育技术在语文教学中使用的最为广泛的内容。现今社会的信息化程度越来越高，互联网技术的发展已经十分成熟。在这样的社会背景下，教育行业也争取完成信息化教学转向，不少学校都建立了信息资源库，不同的学校之间还结成了联盟，建立课程信息资源共享的平台，甚至许多著名的专家和教学经验丰富的一线教师都通过建立个人网站、开设网络课程的方式扩大信息交流与共享。这样的发展形势，对语文教学的开展是非常有利的。

（1）利用互联网资源和网络教学，充分激发学生对语文学习的兴趣。网络中的信息元素除了文字，还包括图像、音像、视频、动画等，这些元素不仅可以引起学生的好奇心、吸引他们的注意力，还可以为他们增添学习的乐趣，帮助他们更好地理解一些比较抽象的知识。所以，在互联网的无限吸引之下，学生会更加自主自觉地学习语文知识，其学习动机变得更加明确，分析和解决问题的能力、信息收集和处理的能力都会得到提高，课堂氛围也会更为活跃和轻松。

（2）在加深学生对知识的深层理解的过程中，网络能够展现出极大的优势。一方面，网络中海量的信息和便捷的连接方式，为教师和学生下载相关的学习、教学资料提供了极大的便利，这无形中扩充了课堂的容量。在上课的过程中，教师可以随时根据课堂的需要和学生的反馈，在最短时间内搜寻到最有价值的信息。而学生则可以将相关有用的信息运用到课前预习以及课后的复习中，从而保证语文教学的连贯性和完整性。学生在个人学习的同时，依旧可以通过互联网与同学、教师进行信息的交流和共享，从而全面加深对所学知识的理解，提高自身的学习能力和学习效果。另外，必须要对以下几方面引起足够的重视。

①对语文知识深层价值的思考。在传统的语文教学中，语文知识获得的途径主要是了解写作背景、作者生平和对比阅读等。这些描述性的知识是静态的事实性较强的，其功能在于解决了是什么、为什么等问题。在学校的学习是要授之以渔，不是要告诉学生什么是更重要的，而是要教会学生怎么做、怎么思考与合作。教师要指导学生主动利用网络获取有价值的信息资料，共同探讨和归纳各种阅读、写作的技巧，在课堂的阅读和写作训练中调用丰富的知识，掌握适合自己的语文学习的方式方法。

②学生要主动参与课堂教学，积极从中汲取知识。教师在教学过程中发现学生主动通过互联网获取知识的能力是有所欠缺的，往往是教师使用网络收集和整理信息后再传播给学生。学生缺少了自己使用网络进行学习的机会，因此信息分析和整理的能力得不到锻炼，筛选、归纳、应用信息的能力得不到足够的重视和有目的地培养。在语文的学习中，失去了自主实践的过程，不利于学生实践能力的发展。因此，让学生学会自己动手，利用互联网获取知识，在语文教学中也是必不可少的环节。

（3）灵活运用课外阅读，注重语言积累。毋庸讳言，现代家庭的藏书量日益减少，学校图书馆图书更新速度较慢，社区资源较为缺乏，在这种情况下，学生可以利用网络来储备更丰富的信息资源，丰富课外阅读活动，开阔自己的视野，增加更多的知识储备。在开放的互联网平台上，学生可以根据自己的兴趣很容易地找到有吸引力的阅读材料，并可以自主地进行一些相关内容的扩展阅读。将课堂上所学到的阅读技能同样运用到课外阅读上。要读要思考，也要积累。习惯性地背诵、摘录、写读书笔记，都有助于厚积薄发提高语言能力。

2.现代教育技术的应用提高了学生学习语文的能力

教师坦言，现代化技术、信息检索技术的快速发展与普及，对语文教学中学生自主能力的形成有一定的帮助。信息时代的到来，现代社会对语文能力的要求不再是比较狭隘地对听、说、读、写的概括，还应包括理解、表达、沟通等许多方面的能力。当然，运用现代信息技术收集、整合、运用信息的能力也是十分重要的。由此可见，语文的内涵在社会发展的影响下，逐渐变得越发的丰富。信息技术多渠道传达信息的功能为学生学习语言、掌握和运用语言提供了厚实的资源保障。例如，在实际的教学课堂中，教师借助多媒体设备和现代信息技术开展视听、阅读训练，通过复述和情景模拟提高学生的口语表达能力，通过泛读和精读的有机结合锻炼学生采集、捕捉信息的能力，充分利用网络的图像技术强化学生的理解等。尤其是在锻炼学生的信息处理能力时，现代信息技术更是起着至关重要的作用。作为课堂的引导者，教师有必要在课堂中进行一定的示范，随时监督学生的学习进程，指导学生的学习方法，解答学生的困惑和疑问，同时要培养学生利用现代资源主动解决语文学习中遇到的问题的能力和综合的思维能力。

3. 现代教育技术的应用改变了语文教学过程和方法

如何选取恰当的语文教学方法，应该依据语文教学的主要内容、具体的教学目标、任课教师的上课风格等做出判断，而非千篇一律地照本宣科。这一点在教师的认知中已经达成共识。许多教师都在导入新课、拓展训练、拓展教学内容、研究性学习、合作性探究等方面运用了教育教学技术。

现代教育技术的应用，改变了教学方法和学习方式，在语言学习中起着非常重要的作用。语文学习需要学生的自主学习和积极配合，通过相互合作来完成探究性的学习任务。调查结果显示，部分学生的信息整合能力是十分出色的。他们能够熟练地运用各种手段收集有效的信息资源，并运用现代信息技术筛选、总结、提炼，从而形成自己的信息体系。然而，进行深度的思考，不断完善自己的观点、见解、探究方案的能力却较为欠缺。这就导致了学生的语文学习成果得不到充分的展现。鉴于此，在接受学校教育的过程中，身为教师，必须自身要有现代信息技术的意识，还要设法培养学生具有这样的意识，并利用这门技术来学习，改变传统的学习观念和学习方式，使之成为教师和学生探索新知识的教学过程。

通过将现代教育技术引入学校教育环境中，可以产生巨大的积极效应，主要体现在以下几个方面。

第一，通过教育技术的强大功效可以促使学生关注语文的学习；第二，可以让学生慢慢养成对中华语言文字的热爱；第三，通过现代教育技术的改革对语文教育的显著影响，让学生意识到教育技术的强大功效，并在日后的学习中加以利用；第四，现代信息技术非常重要的一点便是共享性，因此学生可以将他们认为非常有意义的东西通过信息技术分享给其他同学。然而，即便教育技术有如此强大的功效，它还是存在一定的弊端。比如，难以促使学生专注学习习惯的培养，同时过分依赖于教育技术导致他们难以培养对文学作品的鉴赏能力。在一些情况下还可能对学生的学习产生不好的影响。可见，在现代语言的教学背景下，我们不得不承认教育技术的确产生了相当大的影响，无论是培养学生对语文的兴趣，还是对语言文字的鉴赏能力，甚至是在营造教学环境的过程中都无不彰显技术的强大魅力。然而，技术是一把双刃剑，它也存在一定的弊端，需要在日后的发展过程中慢慢消除这些弊端。因此，我们必须正确利用教育技术，既能够使他们达到我们预料中的效果，如最大限度地提高教学的效率和效果，同时能够让学生自如、自由地获取信息，在此过程中慢慢实现培养学生利用教育技术来自我学习、自我提高的目的。

（二）现代教育技术在大学语文教学中应用的问题

1. 教师对大学语文教学中现代教育技术的应用认识不清

（1）没有正确认识现代教育技术的作用。在目前的教学环境中，不少教师能较快地接受新事物，因此为了与当前的教育环境的革新保持步调一致，他们积极地将多媒体技术引进课堂，并且乐此不疲。正所谓欲速则不达。他们虽然热衷于对多媒体技术的运用，但这毕竟是一种新生事物，很多教师对它的了解还只是浮于表面，因此他们只是借助这一多媒体平台传播相关的语文知识，而没有产生将多媒体和教学两相结合的思维模式。鉴于此，所谓的运用多媒体来传播知识无非是将以前利用黑板传播知识换成了运用多媒体传播知识。在课堂教学中，多媒体的作用非常小，如计算机屏幕上呈现给我们的只是语文书的一些内容，然后教师将文中所存在的问题展示在电脑屏幕上以供学生们思考，因此这一教学方式将以往通过黑板来展示教学内容换成了利用电子媒体来展示教学内容。而这种教学方式不仅没有给我们带来期待中的显著效果，还造成了大量的铺张浪费。因此，这种将电子媒体代替黑板的教学模式只不过是一种换汤不换药的行为，甚至可以称之为是"利用最近技术来进行教学"的一种肤浅的认识。现代教育技术应该充分发挥其所特有的现代化功能，并将其特点更好地体现出来，而不应该成为传统教学的翻版。我们发现大多数的教师会利用电脑来进行网上有效资源的搜索，并将对教学有用的资源进行下载，下次上课的时候便将这些资源带到授课的过程中。当然，我们必须承认这种方式还是比较有效的。然而，我们不能过分夸大这一效果。比如，某些学校认为，只要我们学校引进了电脑，并配上与教学相关的其他配套设施就完成了从传统教学向电子教学模式的完美转变，这种想法是大错特错的。在利用计算机进行教学的过程中，非常显著的一点便是以往传播的知识点相较过去有了显著的增多，学生接收到的知识也相应增加。但是，这一教学模式并没有带来思维方式的转变，甚至有可能是以往"填鸭式"教学模式的延伸和扩大，即学生只是被动地接受教师所传达的内容，而没有自我思考的时间和空间。

（2）高估教育技术对教学的革新影响。必须承认，现代教育技术在教学过程中的确产生了相当积极的影响，它一扫过去上课的沉闷和无聊，使课堂变得活泼起来。所以，这是它所产生的正反馈效应。计算机具有随时移动并且可以重复展示的特征，因此这种特征方便我们将之前习以为常的在黑板上展示的内容变为数字化的教学模式，并通过数字化的方式，大大拓宽了我们的视野。然而，这一正反馈的背后也潜藏了一些负反馈，如为了计算机而用计算机的现象处处皆是。

①依靠多媒体技术来承载一些图片、声音和视频，从而导致对语言鉴赏的机会少了。过去教师上语文课的时候，主要通过口述来进行，自从有了多媒体技术，教师为了使学生更加深刻地了解与内容相关的思想，并且为了获得更为身临其境的感受，教师会借助于这个平台将一些与课文内容相关的图片和音视频放在PPT上，在讲述内容的同时播放这些东西。必须看到，通过这些图片和音视频生动形象的再现，的确可以在一定程度上有助于学生对文章内容和思想情感的深刻感知。然而，事情都具有两面性，也有其一定的适用程度，如果把握不好这个度，就可能导致另一个极端的产生。比如，上语文课最重要的目的是理解作者的思想感情，借助多媒体来播放这些图片和音视频只是为了更好地帮助学生理解这些思想感情，然而，不幸的是，我们的确可以看到学生对这种教学方式充满了浓厚的兴趣，但是他们的注意力往往集中在这些图片和音视频上，而没有深刻体会为什么要播放这些图片和音视频，也就是没有很好地理解这些图片和音视频背后所承载的特殊意义。在进行教学的过程中，我们要向学生灌输以下思想，那就是要想保持对某一事物持久的兴趣，必须建立在对这一事物的实质有相当程度的了解之上。反映到语文教学中也是如此。虽然利用多媒体来承现这些图片和音视频，但是学生未必能充分理解这些图片和音视频背后所承现的作者写作这篇文章的思想感情，而这才是我们授课的关键。鉴于此，在进行授课的时候，无论是教师还是学生，都必须将展示课文内容的方式和课文的核心思想两相结合。

当然，我们借助多媒体来承现一些图片和音视频，初衷是为了使课文内容变得更为形象，也帮助学生更好地理解文章内容，但意想不到的是，学生会依据这些图片和音视频来思考，而让自己的想象力和创造力缺席。我们耳熟能详的一句话是，"一千个读者眼中有一千个哈姆雷特"。当我们没有接触这些图片和音视频的时候，我们会运用自己的想象力来勾勒文中所描述的场景，而不同的人会有不同的画面，因此每个人对场景的感知也是不同的。然而，在我们借助多媒体来播放这些图片和音视频的时候，学生接触的内容都是一致的，因此他们在感知思想上也会是一样的。一些脍炙人口的名句，如"枯藤老树昏鸦，小桥流水人家"，当不同的人读到这句话的时候，每个人都会在脑海中产生不同的画面，一旦通过多媒体来营造画面，学生想象的空间将大大缩小。在进行语文授课的时候，教师必须关注一个方面，那就是在借助多媒体技术来更好地反映文中内容的同时，要想方设法给予学生想象的空间。一旦学生的想象能力萎缩，那么，对他们学习语文这门特殊的科目将大大不利。这是值得教师深入思考的问题，必须引起重视。①

②教师在借助多媒体展示文章内容时，因为对多媒体的过度依赖，与学生之间的互动变少了。当现代教育技术引入教学时，教师在进行授课准备的过程中，便可以借助这一平台来进行准备。

当多媒体技术引入课堂以后，教师不再需要将上课要准备的材料记在本子上，而是借助多媒体的数字化功能来保存这些材料。因此，这一形式有很程序化的操作，教师在上课的时候，只需要按照这些程序化的操作一步步遵循即可，因此限制了教师发挥的空间。然而，语文教学与其他科目的教学相比具有自身显著的特点，它比较关注人内心对思想感情的感悟或者接受程度，因此对学生的想象力、创造力、感知力要求较高。一旦有某些出乎人们意料的情况出现，学生对文章内容的理解便会发生偏差。在此情况下，教师必须能够对此做出快速的反应，而不能再严守这些死板的程序化步骤。同时，要密切留意学生的反应，随时调整自己的授课内容。虽然我们能明白这些问题的存在，但是现实往往与这种情况相背离。由于教师大量依赖多媒体操作，学生也依赖这些多媒体所传播的知识，因此学生的想象空间将大大缩小。

③多媒体改变了以往的教学模式，如教师在黑板上写的东西大大减少，学生需要记下的内容也大大减少，而多媒体却承担起了过多的内容。产生这种情况是由两方面的原因导致的。首先，在以往的教学过程中，教师需要将所讲授的内容写在黑板上，而自从引进多媒体之后，教师可以将所讲授的内容放在多媒体里面，在授课的时候打开这些多媒体，学生便可以在多媒体上了解所讲授的内容。当然，学生也可以有目的地将一些重要的内容抄录下来，可这样就很有可能跟不上教师播放这些内容的速度，由此可能导致学生一心专注于记录笔记而忽视了教师正在讲授的内容。不仅这些学生会产生如此心理，著者也曾在以往的上课过程中有同样的经历。有的时候教师播放幻灯片的速度太快，学生就会向教师提出建议，希望把速度放慢一些，或者，将幻灯片的内容倒置回去，以方便学生记录一些重点内容。一些在本科学校就读、学习成绩尚好的学生会面临这种窘境，更何况那些在高校就读、学习成绩有待提高的学生了。此外，多媒体虽然具有相当明显的优势，但是以往将内容写在黑板上的方式未必

---

① 郑桂华.语文有效教学：观念—策略—设计[M].上海：华东师范大学出版社,2009:187.

就没有任何价值，它可以以一种非常具有逻辑性的方式展示所要讲述的内容。在讲授语文这门课的时候，由于这一学科涉及记忆力问题，学生本身能记住的知识是非常有限的，而一旦采用幻灯片的方式来进行授课，学生往往很难在如此短的时间内接受如此多的信息。因此，我们必须考虑到因为学科问题而导致的过度负荷问题。我们必须看到，现代教育技术的引入的的确确对教学产生了非常明显的正反馈，也促使这个领域发生革新，但是我们也应该认识到，这一引入是否将学生对这些信息量的吸收程度纳入考虑的范围。如果我们一味强调形式的进入而不管实际效果如何，那么，最后的结果往往会事与愿违。

此外，我们还必须意识到，语言是通过文字代代相传，因此通过文字，我们可以了解语言的内容。以往的授课方式是教师将所讲授的内容通过粉笔书写到黑板上，而有些教师的书写令人印象深刻，因此他们会为自己的书写能力而感到骄傲，但教育技术的运用使语文教师的书写能力有所弱化。在人类语言文化的发展过程中，人们在用文字表达思想的历史进程中，文字也历经很多变迁，它在以下方面承担起了其历史使命。首先，通过文字可以将前人的思想保存下来，以供后人研究。其次，它又形成了自身独有的表现形式。当具有深厚书法功底的教师用粉笔在黑板上将自己所要讲授的内容书写出来的时候，台下的学生可以慢慢品味教师的书写。然而，一旦将多媒体运用到课堂中以后，教师可以将自己的内容展示在 PPT 上，而不用将内容书写在黑板，这样会产生一些负面效应。比如，自从有了多媒体，人们不用像过去那样进行手写，而是通过键盘将自己的想法敲打出来，因此那些打字速度非常快的人在进行手写时，其手写的文字未必尽如人意。同理，要那些通过电脑写文章的人在稿纸上进行手写，由于用惯了电脑，一旦在稿纸上手写，往往会出现大量的错别字，或者说，很难流畅地写完。而这些情况在教师的身上也表现得非常明显，而推己及人，学生受到教师的影响，也会大量依赖于电脑，长此以往，要想使得优秀的文化得到传承会变得非常困难。

（3）没有给予传统媒体应有的关注。在将现代教育技术引进课堂的过程中，我们发现一个现象的存在，即有一部分教师会过分夸大新的教育技术的功效，在他们看来，新的教育技术可以完全取代传统的媒体，传统的媒体在这一新的教育技术的迅猛趋势下将不堪一击，甚至完全退出历史的舞台。我们必须要承认，虽然现代媒体在教学革新中起到了举足轻重的作用，但是其使用也存在一定的局限，它的引进主要是为了使教学过程更加高效，而不是要掌控教学过程，以便唯我独尊。在进行教学活动的准备过程中，我们要区分哪些知识点是可以用传统媒体来讲授，而哪些知识点需要用多媒体来展示。如果将所有的知识点都采用多媒体来展示，其效果未必尽如人意。有鉴于此，一个非常明智的决定便是充分发挥各自的优势。不置可否的是，现代媒体由于在技术上的霸主地位，它以无可阻挡的潮流进入教学过程，然而我们也不能完全抹杀传统媒体的功效，像我们以往习以为常的黑板、一些实物图片的展示等仍有其独特之处。在高等教育领域教育资源相对比较紧张的情况下，我们必须重新评估传统媒体在当前教学过程中的效用，以使得其发挥应有的作用。同时，也不能过分高估现代教育技术的作用，不能唯技术论。

2.学生对现代教育技术在大学语文教学中的应用态度迥然

我们在衡量现代教育技术对教学领域的成效时，除了要关注教师自身所存在的问题，也必须高度重视学生在这一领域的重要作用。应用现代教育技术手段来辅助教学的效果不仅仅取决于教师自身的媒体素养，还与受众也就是学生有很大的关系。"学生的素质参差不齐，有的学生会非常主动地去吸收新知识，而有些学生则比较被动，接受新知识比较消极，而这些无一例外都与教学成果直接相关。"[①]

二、原因分析

随着信息技术和经济的飞速发展，现代教育技术在课堂教学中的优势愈来愈明显，于是各个学校也日益重视其发展，并开始普遍地推广与应用。当然，这其中也存在着一些问题，我们需要全面地去分析产生这些问题的原因，这对于大学语文教学现状的全面改善，教学质量的提高有着重要意义。

（一）教师教育观念的偏差

现代教育技术是以现代教育理论为基础的，而现代教育理论要求在课堂教学过程中必须充分地发挥学生在教学中的主体作用。教育技术的运用，要能够激发学生的学习兴趣，为师生的互动创造良好的教学环境，能够使知识的传授、能力的发展和素质的培养统一起来。然而，一些教师未能全面、正确地理解其内涵，只把教育技术作为一种工具，不能与教育内容、教学模式和教学方法等整合在一起。这依然是传统的教学模式，课堂的主体和中心仍然是教师，学生仍然是被动的知识接受者。

有些教师对现代教育技术过度依赖，尽可能地将相关的课堂教学资料放到课件中，在课堂上学生可能是"走马观花"，"眼花缭乱"，根本就没有太多的思考时间，更谈不上思维训练，这样反而让学生的思维受到了约束和限制。有

---

① 喻学文.谈课堂教学效果的影响因素 [J]. 企业家天地：理论版，2008(7):64.

些教师认为，现代教育技术是不必要的，粉笔和黑板可以达到更好的教学效果，如果上级部门要来检查就随便做一个课件应付一下。有些教师认为，只要把课件制作好了，就万事大吉了。虽然班级不同，但授课时均可以使用，方便省时，课堂上可以减少甚至不用板书，不需要太细致的讲解，鼠标一点，手到擒来。这些现象都是现代教育技术与现代教学理论严重脱节的表现。作为一种新的教育技术，多媒体教学更是一种新的教学思想与教学模式的代表，同时它传达了我们对革新以往教学模式的诉求。在我们看来，新教学模式必须具有与以往大不相同的特点，其中非常显著的一点便是将最潮流的教学思维与教学思想相结合。然而，当前的教学环境却不容乐观。很多教师并没有非常深刻地理解多媒体技术所带来的深层次的变革，他们的理解止步于多媒体技术本身，因此，他们并没有认真思考这一技术背后的教学理念的革新。更严重的是，他们往往狭隘地持有这么一种观点，如果教学技术得到更新，那么，与教学相关的理念也会随之得到更新。鉴于此，无怪乎当前出现了这么一种"教育怪现象"——用落后的思想指导先进的手段，在计算机等教育技术辅助教学的这一表象下，依然是过往的教学方式，教师掌握了课堂的制高点，将知识灌输到学生头脑，而学生依然是被动的接受者，没有自我思考的空间。因此，这种模式只不过换了一个噱头，实质依然是过去的教学方式。要想使当前对多媒体的利用不到位的情况加以改善，当务之急就是转变教学理念。理念是一切行为的指南，反映到教学领域，那么就必须转变教学理念。倘使在当前教学环境下，我们所持有的教学理念与教育技术更新的理念发生冲突，那么，希望教学模式得到改善无异于痴人说梦。当然，任何改革都要从宏观角度出发，如果将目光仅仅聚焦于学校环境，而没有将整个社会大环境纳入考虑的范围，那么，我们就没有将现在新的教学要求纳入改革的要求之中，即保持学习贯穿一生的信念。时代在不断地向前发展，人类也要不断保持学习的态度，担当重任的教师也必须不断地与时俱进。因此，教师不能仅仅响应时代的号召，还必须身体力行地将这些口号纳入日常生活和教学当中去。在这一接受的过程中，不能将年龄过大、接受能力过慢作为推迟或者拒不接受更新思维模式的借口。相反，身为教师，我们要以身作则，要率先将这些困难或者挑战——克服。这种做法，一方面是为了与当前的教学改革遥相呼应，另一方面可以极大地促使自我的进步，不断完善自我。

　　"在以往的传道授业的方式中，教师往往居于课堂教育的制高点，向学生不停地灌输知识。学生呢？在这种强大的传播模式下，学生只能被动地接受，课堂活跃度非常低"。① 因此，在这种教学模式根深蒂固的情况下，教师和学生之间，一个处于主动，一个处于被动，相互之间缺乏互动的刺激因素。在更为极端的情况下，教师从上课开始一直讲到下课时止，完全没有学生发言的机会，也不了解学生是否真正能听懂。如果放任这种教学模式发展下去，最后学生可以获得什么教育成果，结局是不言自明的。

（二）教师教育技术能力的缺乏

1.没有深厚的教育技术理论作为支撑

从教师在使用教育技术方面所遇到的种种困难来看，我们需要现代教育技术理论来进行指导。著名的威尔伯·施拉姆曾针对这一难题提出了自己的见解，在他看来，"我们不可能过分夸大教育技术所产生的影响，它也有自身的弊端。然而，它既然作为新事物出现，想必也有它的过人之处，因此被引入到教学环境中，也是因为它能够实现我们的某些要求。针对教学环境的主体，即学生来看，他们对知识的接受程度主要取决于两个方面，一方面是对媒体的使用，另一方面是特定媒体是以什么样的形式运用到课堂中去"。而教师在使用多媒体的过程中，内心也有自己的选择标准，如有一种或者某几种理论共同作用于教师对媒体的选择。因此，我们不能忽视这些理论对教师和学生整个教学的作用程度。如果教师在使用这些多媒体进行教学时缺乏深厚的理论指导，那么，我们就无法相信这些多媒体的作用能够真正发挥到淋漓尽致，达到我们期望中的结果。我们为了这项研究采访了相当多的教师群体，就调查结果来看，为数不多的教师认为，要想真正改革当前的教学环境，重中之重就是高度重视对教学模式的创新。因此，我们可以很明显地看出教师在理论方面的匮乏程度是有多么严重。②

那么，究竟是什么因素导致了当前这一结果呢？概括来说有以下几个原因：首先，教师上岗之前都会进行相应的培训，而这些培训工作没有真正落到实处，即没有贯彻对理论知识的传播；其次，这些培训工作只将目光停留在技能的培训，缺乏这些技能背后的理论素养的培养；再次，除了培训工作本身存在一定的问题，教师自身也存在一定的问题。有些教师对教育技术的理解比较狭隘，在他们看来，所谓的教育技术主要是那些多媒体设备，一旦我们掌握了如何操作这些多媒体技术，那么我们就可以圆满地完成教学任务。因此，他们没有将理论的学习纳入重要的位置。通过这种抽丝剥茧的分析我们可以看出，

---

① 任莉莉. 网络教学与传统教学优势互补的新型教学模式研究 [J]. 中国医学教育技术，2007(02):109-112.

② 赵珂. 网络环境下教师教学观念的转变 [J]. 陕西教育（高教版），2007(12):34.

在对教师进行培训的过程中，必须双管齐下，不仅要注重对多媒体操作技术的训练，更重要的是要向他们传输有关多媒体操作技术背后的理论素养的训练。唯有这种双管齐下的培训模式才能够使教学革新真正得到落实。

当然，我们还必须明确的是，我们极力强调对理论知识的学习并不是要使理论的学习压倒一切。而且，理论的学习不可能产生立竿见影的效果，必须在日后的实际工作中不断用心去揣摩这些理论，以期达到我们一直以来所提倡的，向实际经验所采纳的理论模式方向的发展，进而真正改善教学效果。也有一些在对多媒体技术的掌握方面还是可圈可点的，但是一旦涉及综合能力，即将多媒体技术与教学能力两相结合的时候，这种弱点便甚为突出。

当教师在借用教育技术来改善教学活动的时候，他们凭借的还是以往实际教学过程中所用心揣摩出来的经验。这些经验由于经历过时间和实践的检验，有一定的价值，但是这些经验都是碎片化，很难形成一个整体的、系统的知识体系，因此在教学理念的构思方面没有太多的贡献。

相较于上述情况，还有一种情况必须要引起高度重视，那就是有些教师在自己的教学过程中往往会忽视对教学环节的创新和构想，因此他们教学的出发点还是从"教"这一要素上考虑，如主要考虑的是为什么要教学，主要教授哪些要点等，而没有将"学"这一当前极力强调的因素纳入考虑的范围，如学生作为真正的个体，认真思考他们各不相同的性格、对学习的侧重面的差异以及对接受到教学信息纳入衡量的指标等。由此可知，高校在对教师教育技术理论知识培训的同时，更要注重促进教师将所学的理论知识运用于教学实践中，将各种现代教育技术媒体正确地运用于教学中，从而达到优化教学的目的。

2.教师现代教育技术能力的缺乏

教师的现代教育技术能力要求教师不但可以娴熟地操作各式各样的较为先进的教学设备，而且对于与课程联系紧密的教学软件的操作方法能够烂熟于心。

只有这样，最大限度地发挥教学资源的使用价值才能成为可能。就当前的情形来看，对大部分高校的语文教师来说，先进的教学设备和配套教学软件的操作方法依旧是陌生的。出现这样的情况是各方面因素共同作用导致的，但可以从客观和主观两个角度来剖析这一问题。客观上，当时间回溯到现在这批高校教师上大学的时候，当时的科学技术条件远不如现在，大学并未给这些教师提供系统性学习现代教育技术相关课程的机会。即便开设了相关课程，大部分也是停留在理论层面上，并没有与实践进一步进行结合。接受了这样的课程教育必然会使教师在现代教育技术的认知上遗留下"盲区"，而进入高校任职之后，校方出于资源配置、对现代教育技术的重要性认识不够等原因，并未向教师提供参与相关的培训和学习的契机。而现代教育技术发展的速度越来越快使这种困境陷入更加严重的恶性循环，教师的现代教育技术只能愈发低下。主观上，因为大多数高校教师对现代教育技术及其发展情况，尤其是现代教育技术对现行教育教学观念、手段、地位、环境等引起的根本性变革作用还缺乏必要的了解和认识。出于这样的想法，教师从思想上就缺乏努力提高自己现代教育技术水平的动力，即使拥有相关学习和培训的契机，教师也不会主动参与，或者是怀着敷衍了事的态度去学习，无法达到真正掌握相关技能的目的。

3.学习态度不同，学习能力有所欠缺

就现在的情况来看，绝大多数的高校学生能够设立一个较为准确和明确的学习规划，并在这一规划的基础上，积极提高自身各方面的素质，学习态度认真、端正，动机纯粹。但仍有一些学生并没有主动学习的意向，他们对未来的发展认识较为模糊，没有努力的意向，或者努力的方向不对，不能积极调整状态适应高校的生活方式和节奏，从而在考试过程中不能达到预期的结果。一部分学生在入学后，会将自己现在的生活学习状态与自己理想的大学对比，发现大相径庭，就产生对学校不满的情绪，对学习和生活都失去兴趣，随意挥霍自己的时间，浑浑噩噩度日以期毕业混一张文凭，甚至萌生了退学的念头。

近些年来，高校的不断扩招使大学教育已由"精英教育"向"大众教育"转变，有些学生普遍较差，基础知识薄弱，作文语句不通，不注意行文逻辑，还经常出现错别字，还有的汉字书写习惯也不好。由于长时间受中学应试教育的影响，在中学学习语文时学生追求的是如何应对高考进行应试作文，置身于题海，掌握一些标准化、模式化的战术，不重视语文学习能力的培养，导致高校生的语文水平普遍没有达到高中毕业生应有的水平和程度。同时，大学和中学的学习是不同的，教学模式的改变是最明显的，由中学的以教师为主向大学的以学生为主转变，这就要求学生自学，课堂内容可能需要通过课后来进一步理解和消化，这也就导致学生很不适应大学的学习生活，十年寒窗结果换来的却是对学习的困惑、担心……这些学习心理问题普遍存在于高校生中，培养和提高高校学生的语文学习能力受到了严重的制约。

4.学生信息素养不高

针对调查的情况来分析，在信息素质方面高校学生也存在着一定的缺失和不足，可归纳为以下几个方面。

（1）信息意识淡薄。近几年，尽管中小学计算机课程开放程度不断增加，家庭电脑的普及，推动了信息素质教育在基础教育阶段的发展，但由于整体教育评估机制的限制，信息素质教育没有得到充分的重视，使高校学生的信息素质在入学时就不足。高校学生没有较强的获取信息的意识，不会积极主动地去查找需要的信息，没有充分意识到信息获取的重要性，对于信息往往采取消极的态度，没有形成个人独立学习的能力，不会主动地利用大学图书馆去查找和获取更多课堂以外的信息。部分高校学生上网主要是聊天、玩网络游戏和娱乐等，很少去利用图书馆的电子资源，更不懂得在大学生学习期间图书馆的重要性。只有极少数学生主动地去学习和接触一些信息技术方面的课程或书籍，甚至是参加一些培训，从而能够运用所学知识去判断和整理海量的信息资源。

（2）信息能力较差。完整的信息检索概念包括两方面：一方面是信息的组织存贮（主要是文献信息），另一方面则是文献的查检。在学习过程中，学生往往忽略前者，不能很好地掌握一些基本概念和文献信息组织过程的原则，因而对文档的检索效率有直接影响，没有多途径文献检索的意识，并缺乏一定的文献检索能力。在电脑使用方面，很多学生十分熟练，但由于图书分类知识的缺乏、把专业知识与信息检索方法和途径相结合进行高效地获取信息所必需的技能的缺乏，无法实现通过计算机获取所需要的信息，不会对检索到的信息进行筛选。大部分学生只关心能否免费获取信息，并不太关心信息的时效性、权威性。

（3）信息积淀不够。许多学生缺乏自主独立学习的能力，缺乏系统而长期的阅读图书、文献的计划，不注重积累课本以外的专业知识，不充分利用课堂以外的学习空间——图书馆资源来拓宽知识面。一些学生获取信息时表现出强烈的功利性，往往只是为了完成某项任务，才会去图书馆收集信息。尽管他们能十分熟练地使用电脑，但并不知道如何运用有效的或有用的知识将潜在的信息挖掘出来，从而导致获得的信息往往是相对简单和容易，很少有学生能通过二次文献和三次文献获得更多有价值的信息。

5.信息道德缺乏

大多数学生没有信息的免疫能力，容易受到一些不良信息的影响或侵害。通过调查分析我们发现，有一部分学生的公德意识和法律意识薄弱。许多学生只对图书馆建筑、藏书量、技术和设备有兴趣，而不注重图书馆的规章制度，在使用信息过程中，不注意遵守相关规定，不配合工作人员的管理和指导，给他人获取文献带来麻烦或设置障碍，甚至任意更改或删除计算机里的一些文件。还有少数学生缺乏对黄色信息的正确判断能力，网络道德意识模糊。在知识产权越来越被重视的今天，大多数的学生根本就没有版权意识，只是从使用方便和费用方面考虑，仍然继续使用盗版，在引用他人成果和网络信息时没有任何的标注，不懂得尊重他人的研究成果，认为可以随意引用，对网络上的不良信息则持一种于己无关的态度。在改进信息手段和传输渠道的条件下，仍然经常发生知识产权侵权，散布虚假或不良信息的行为。

（四）现代教育技术应用环境的缺乏

对于现代教育技术环境的建设，还应加大其投入力度。虽然在硬件建设方面多数高校已达到一定的规模，为教师使用现代教育技术提供了相应的条件，但其投入力度仍满足不了教师应用现代教育技术的需求，除一部分条件较好的学校外，多数学校现代教育技术的基础条件还比较薄弱，教师和学生的人均拥有率偏低，大多是以集中使用为主，还无法为广大教师和学生营造和创设便利的现代教育技术应用氛围。其原因主要有以下几个方面。

1.领导现代教育技术意识不强，重视不够

要想现代教育技术得到有效的应用，关键是领导的充分重视。作为高校的领导，一是教育观念的转变，建立教育技术的现代意识，引领教师树立现代教育技术的新思维、新理念；二是要深入教学第一线，同教师一起探讨和研究现代教育技术的应用与实践，不断地总结经验，从而促进现代教育技术向前发展。但目前高校的领导在这方面做的工作还不够。有些领导现代教育技术意识较为缺乏，没有认识到在教育教学中现代教育技术所能发挥的巨大作用，也没有开展与现代教育技术有关的工作。许多高校没有设置现代教育技术管理机构，没有为现代教育技术的开展提供保障的专项基金，也没有为教师安排和组织相应的现代教育技术培训。因此，领导现代教育技术意识的缺乏，对高校现代教育技术工作的顺利进行是非常不利的。

2.经费安排不合理，资金投入不足

资金是发展现代教育技术的根本性问题。资金的缺乏会带来一系列的问题，现代教育技术在高校的发展因此也受到严重的制约。从调查情况来看，大多数高校都存在着经费不足的问题。由于经费的缺乏，使学校的多媒体教室数量相当有限，很多课程的授课根本都安排不到多媒体教室；经费的不足，严重制约着学校的现代教学设备的发展，引进不了很多必要的教学设备；资金的短缺，使教学设备的日常管理与维护受到制约，陈旧的教学设备得不到及时处理和更换，对正常的教学造成了影响。而经费不足的原因是多方面的，既可能是政府拨款有限，满足不了高校现代教育技术发展的要求，又可能是高校在资金统筹上的安排不当，在现代教育技术方面没有合理安排相应的经费。充足的资金是保证现代教育技术顺利发展的关键，因此政府及高校应设立一个专项基金，以促进现代教育技术的发展，直接统筹安排使用，减少中间环节。高校也

应该充分意识到在教学中现代教育技术作用的重要性，加大在这方面的资金投入。

3.硬件短缺，配置不合理

硬件是现代教育技术能否有效应用于教育教学中的关键因素，任何一种现代教学方法都离不开相应硬件设备的支持，可以说，现代教育技术的命脉掌握在硬件手中。然而，由于资金的约束，高校的现代教育技术硬件尚未完全达标。首先，数量有限的硬件设备根本无法满足教学的需要。在教学中能否运用到现代教育技术，其基础条件是硬件设备的数量是否相对充足，当某种教学设备的数量低于标准值时，它被真正应用到教育教学中的可能性就很小了。因此，在教学设备进行配置时，一定要将数量方面的标准纳入考虑范围。对高校来说，这个基础条件的实现情况并不太理想。就大部分高校而言，现代教学设备的数量十分有限，还根本满足不了语文课程教学的需要。其次，在硬件配置上高校有着明显的不合理现象。部分高校为了迎合一些教育评估，加大个别专业领域的资金投入，结果造成其他方面的资金短缺。不合理的硬件配置，对教学造成了一定的影响。

三、可行的策略

（一）加强现代教育技术基础设施建设与管理

要推广现代教育技术，一定要先为现代教育技术创造良好的应用环境。如果缺乏必要的硬件设施和软件资源，教师是不可能将现代教育技术很好地应用于教育教学中的。要提高语文教学水平，需要不断地完善现代教育技术基础设施的建设和管理，从而推动语文教学改革。

1.加大投入力度，强化基础设施建设

硬件建设是高校现代教育技术发展的基础，教学现代化程度最直接地反映在它拥有的并可使用的硬件设施等。为促进学院发展，最基础的就是丰富学院硬件设施的配备，因此应注重现代化教学设施的配备，如建造多媒体教室、构建校园网、创办网络教室等。与此同时，不容忽视的是配备充足的基础性常规电教设备。由于现代化教育设施的配备需要耗用大量资金，而资金的筹措需要时间和渠道，这与高校自身的硬件投资能力息息相关。仅仅有资金也是不够的，筹集资金配备学院硬件设施，还需要售后的维护和检修，这就需要高校制定科学的管理制度、设施配置的升级管理等。

设备陈旧老化，仪器出现故障无力维修，多媒体教室、语音室偏少，计算机数量不够和配置较低等，诸多问题影响着高校的现代化教育的发展。教师仍然偏向于采用基础的原始的教学方法，但是随着信息时代的发展，学生比较倾向于使用先进的现代教育技术，这一教育和受教育手段的冲突需要提起注意并予以解决。可以通过多渠道的招商引资、多方位的校企合作等方式筹集资金，增加对教育技术基础设施建设的投入力度。

2.加强多媒体教室的建设与管理

多媒体教室的主要设施包括电脑、大屏幕投影仪、麦克风视频展示台、DVD播放机和录像机和其他集成设备。随着信息时代的到来，学生更加喜欢运用全部电化教学、计算机辅助教学和演示手段的教学课程的学习。多媒体设施是物质准备，可以推动高校对传统教学模式的改革和完善。有了相关技术手段才能真正将现代化教育技术付诸实际。但对一些高校来说，资金支持限制了多媒体教室的发展，因而高校需要再投入资金引进那些现有的但不充足的多媒体技术设施。

当现代教育技术设施完备后，还应注意设备的管理和维护。各高校有必要提高投入大量资金而获得的多媒体设备的使用率，使资金使用价值更大。对于多媒体教室的管理，应建立明确的规则和条例，使用规范化，并配备专人来进行管理以及设备的检修和升级。与此同时，多媒体教学手段的使用不仅包括配备设施齐全的问题，还包括设备的日常管理，如保持卫生清洁、环境潮湿度影响、灰尘对设备的使用影响等，应要求师生保护硬件设施，严格遵守使用说明、操作方法，做好良好维护，辅助教学授课的进行。

3.提高校园网的利用率，建立语文教学资源库

现代教育技术还包括校园网的建立。统计各高校的网络情况可知，校园网创建基本完成，但是并没有予以积极利用。大部分高校只是用其对学校形象进行宣传，部分高校的校园网未在实际教学中发挥有效作用，而仅仅局限于学校的行政管理层面。要知道，良好的校园网建设不仅能嫁接网络资源和知识世界，还能在学校管理方面发挥巨大作用。

除了校园网大环境的建立，还应建设数据库来丰富教学资源。举一个例子来说，语文教师进行备课和教学的时候可以快速链接教育和教学网站，利用网络获得的教学素材和网络课程资源来积累丰富的知识传授给学生。而反过来，作为学生，网络对学生的吸引力逐渐增大，利用资源数据库可以吸引学生分析研究不同地域、区域，甚至是国际范围的文献资料。

（二）转变观念，创建良好的现代教育技术氛围

1.领导思想观念的转变

首先，高校的管理层应从根本上认识到现代教育技术的重要性，优先发展

现代教育技术，推动教育现代化的进程。因为只有思想上认识到了才能在行为上付诸实践。而校领导在高校中具备领导学院发展方向的作用，因而应从校领导的观念转变开始。其次，高校的领导还应注意学习如何使用现代教育技术以及相关知识。学校现代教育技术的发展情况与领导对其认识水平和重视程度有着很大的关系。通过学习，可以使他们意识到现代教育技术对教学改革带来的巨大推动作用，尤其是在教育观念、教学模式、教学方法等方面，在提高教育教学质量中起到了重要作用。[①] 再次，高校的领导应着眼于学校的实际情况，从现实出发，对本校现代教育技术的发展做出科学合理的安排。高校的领导要积极地明晰现代化教育的发展方向，及时地进行沟通交流。现代教育技术教学环境主要依赖于政府、外界的资金支持，有钱才能办得起先进的教育，而与政府的积极沟通才能赢得关注，赢得资金补助，促进硬件设施、软件资源的获得。与此同时，外部企业对学校的支持也不容忽视，加强企业交流也十分必要。

2.教师教学方式的转变

教师传授知识的过程中担任着组织教学活动、引导学生自主学习的任务，因而教师有着怎样的教育理念，不只是对教师的教学行为产生影响，还会间接影响着教育水平发展。教师作为教与学的传承者，必须认识到先进的现代教育理念的重要性，将教学观念在教授课程中付诸实践，并运用到现代教学中，更新授课教育手段，推动教学体制改革。如果教师没有正确掌握现代化教育理念，那教学效果就不可能会有明显的改善与提高，还会影响和阻碍现代教育技术的应用。因此，教师必须树立正确的现代教育观念，这将促进现代教育技术更好地应用于教学中。

3.学生学习方式的改变

大多数高校学生对现代教育技术不甚了解，也正因为没有相关专业课程进行知识普及，才会造成现代教育技术实施有困难，没有意识就难以转化为实际行为。因此，设立相关介绍课程、举办讲座、扩大宣传等来普及相关教育使高校学生有更多的了解与认识，从而为现代教育技术的成功之路奠定坚实基础，扫除一切障碍。

4.加强培训，提高教师的现代教育技术水平

随着知识的不断更新，教学模式、教学手段也应不断推陈出新来适应新的

---

① 毛红鹰.高校教师现代教育技术培训的现状与思考 [J].沙洋师范高等专科学校学报，2004(4):84.

知识结构和综合能力新要求。而作为知识传输过程中的传授者，高校教师的岗位职责如何发挥就显得十分重要。信息时代的来临、知识大爆发以及先进的现代化教育手段的出现都促使着教师更好地适应新变化、新发展，积极使用新的手段、模式和方法进行教学，保证与学生间的知识、技能的传授是高水平、与时俱进的，实现新教育结构的教育目标。目前，许多高校对教师的培训不到位，教师对现代化教育的理解不深入。应该根据各院校的实际情况，提出因材施教、因地制宜的培训方法，针对不同的情况，设置不同的培训课程、培训讲解，尽可能提高教师对现代化教育的重视程度，最大范围地使用现代化教育手段，推动教育事业的发展。

（1）采取灵活多样的培训形式，合理组织培训内容。对于高校教师的现代教育技术的培训形式，统一的专家讲授和辅导的讲座式培训模式显然已不再适合。在高校，设置多种多样的培训模式十分必要。这不仅是因为不同参训教师面向的专业不同，更大程度上是因为他们自身能力不同且进行知识传授时对现代化教育的需要程度不同。

（2）以实用为目的，组织针对性更强的培训。选取灵活多样的培训模式是远远不够的，还应注重培训内容的合理性。传统教育是应试性的，而对新的教育模式的渴求促使着现代教育技术的培训也应注重培训教师如何很好地利用技术手段培养学生能力，但这又和院校的实际情况、实际专业内容有关。进行培训时，借鉴成功经验，克服原有培训模式中的不可取之处，完善培训结构，丰富培训内容，打造全方位的教师人才。

对教师进行现代化教育培训要依据几条原则，即"有针对、有组织、有深度、大范围"。针对教师的不同教学需要培训相关基本理论，以便教师可以因材施教，以学生为主导选择他们需要的、适合他们自主学习的方式方法进行知识的传授，答疑解惑等，旨在教导学生有能力在未来进行自我能力的提升，自我开展学习深造。

（3）建立完善的评价机制和手段，注重培训效果的评估。教师的培训不仅是建立灵活多变的培训模式、树立良好的理论观念，还需要在培训后及时进行培训效果评估和考核。建立相应的考核体系是十分必要的，对教师培训效果进行反馈就需要从不同方面综合考虑不同影响因素进行评价。无论采用何种评估手段、何种类型的评价体系，还要应用后续调查研究授课效果，因为我们最关注的还是最终的培训效果，即教师的教学观念是不是真正发生了转变，是否有自觉意识应用所学教学技能。不可否认的是，研究培训的评估系统会发现，反馈系统不仅能验证受训教师能力是否有真正的提高，还能找到培训课程的不足和漏洞，哪些应大力发扬，哪些应在今后避免或完善。对于优秀的受训教师，应给予奖励，以起到模范鼓励作用，带动教师一同进步，形成良性循环，鼓舞学习热情，又推动教师更好更投入更自主地接受培训，进而推动现代化教育的发展进程，提高多媒体技术的应用水平，提升教学质量，造福更多学子。

现代化教育是一项耗时较长需要大量努力才能实践成功的工作，只有坚持不懈地树立正确观念，让教师将现代化教育技术视作教学的一部分，而不是意识到必须使用它才应用，才能真正促进教育与现代化信息时代的接轨。

（三）利用现代信息技术进一步优化大学语文教学

发挥现代信息技术的优势作用，促进语文课堂内外的协调互补。叶圣陶说过："课内阅读只是举一，课外阅读剩下的部分正可以反三。"这句话十分精炼地点出了如何进行语文课程的学习。如果想学好语文，就不能仅仅局促于课本上的课文研究，需要的是更多的阅读材料的课外自主学习。课内和课外成就语文学习的两大方面，认真学习书本是必须的，但运用课内学习到的方法继续研究课外的文章才是提升自己的过程。开展大学语文课外阅读，通过网络获得材料，运用网络交互和教师互动等都体现了现代化教育手段的重要性，使课内与课外相得益彰，和谐发展。

1. 利用现代信息技术，促进自主性阅读教学的开展

现代信息技术提供大量的阅读材料。除此之外，网络阅读教学突破了传统阅读教学的局限性，大量积累阅读量，变成多类课程可供选择、多种教学思路可供分析，而是感受总体框架，把握和讨论整体的思路，写作风格等较为自主灵活的语文材料研究。

教师可以根据学生的兴趣和爱好，成立学习小组，分组在课外搜集有关的材料。之后再安排学生并分组汇报相关情况，将收集和整理的材料用适当的方式展示，阐明各自的观点（可以使用互联网，也可以使用投影机，甚至言语表达，其目的是为了提高学生的语言表达能力）。

教师可适当地补充阅读材料，引导学生注意知识点，提示思考问题的角度，弥补学生自学中可能遗漏的知识点，并回答相关的问题，帮助学生将各个问题之间的联系组织和串联起来，使学生的学习提升到更高的层次。强调学生自主学习，不是不要教师的指导。学生自主学习有优点，不足也特别的明显。教师要减少纯知识的直接传授、累赘无用的详细分析、知识的生硬灌输，而应该加强学习方法的指导、思维品质的提升。

这种教学模式实现了以课内带动课外，以课外促进课内的目的。由于语言学习的需要去使用网络，又通过网络促进了语言的学习能力，这才是将现代信

息技术运用于语文教学所寻求的方向。

2.利用现代信息技术，组织和开展语文研究性学习

随着教育改革的不断深入，大家愈来愈重视研究性学习。研究性学习强调的是学习中的研究精神，是在日常的学习过程中要求学生用研究的眼光、态度和方法进行自我探究、自我发现，是一种基于问题解决、协作交流、资源共享的学习方式。研究性学习可以弥补传统课堂教学的不足，特别是教师与学生之间的关系、学生知识和能力之间的平衡、理论与实践的统一，在培养学生的研究意识和综合能力等方面具有重大意义。

基于现代信息技术的语文研究性学习贯穿了课内与课外，并以研究任务驱动，协调课内与课外之间的联系。在语文教学中，要想完成研究性学习的所有内容，仅仅用几个课时是不切实际的，也是没有必要的。在课堂上，教师要启迪和引导学生在看待问题时学会运用研究的眼光，努力探究教材本身的研究价值，培养学生的研究意识，掌握研究的方法。这样学生就可以在课外利用现代信息技术想方设法地收集有关的材料、对信息进行整理和加工、运用现代化手段与同学随时保持联系并进行交流与沟通。而在课堂内主要完成的是确立专题并进行指导、方案的制定指导、学习成果的展示与交流等。

第五章　网络化大学语文教学体系的构建

第一节　网络化大学语文教学系统的构建

一、网络化大学语文教学系统

网络条件下大学语文教学新模式不是对传统教学模式的否定和颠覆，恰恰是利用现代信息技术来弥补和完善传统教学模式中的不足，同时让传统教学模式中宝贵的教学方法和经验得以延续，是传统和现代并存的两种教学模式的结合，两者相互促进。

新模式下的教学系统实际上由两部分组成，即传统的课堂教学系统和基于网络多媒体的网络教学系统。前者一般包括教师、学生和教材三个要素，后者还包括媒体这个要素。对于传统模式下的语文教学，在我国语文教学中一直使用着，人们对此模式十分熟悉，故本书对此不做进一步说明，本书将详细探讨网络教学系统。

网络教学系统主要是由教学模块和一些辅助模块构成，是开展网络教学的前提条件和要求。其中，教学模块中包括诸多子模块：管理模块、课程概况、教学模块、交流社区、工具资源、课程资料、单元测验、期末考试。辅助模块由电子邮件系统、FTP服务、聊天室等组成。

管理模块。这是顺利开展网络教学的主要保证，应该包括对师生账户、学习记录、教学管理等各个方面的管理，是教师对学生自主学习监督检查的重要途径。

课程概况。这是对本课程的教学计划、目标要求、学习方法和策略、测试与考核、答疑解惑等方面的具体描述和说明，是学生开展自主学习前应该明确了解的部分。

教学模块。这是网络教学系统的主要内容，应该包括所有的教学内容，涉及语文教学中听说读写四个方面。教师选定的教学内容和任务将通过

PowerPoint 讲稿、Word 文档、图片、音频、视频、动画、网页等方式呈现给学生。授课将不再被限制在师生面对面的交流中，学生可通过对教学主页的访问和浏览完成，并且不受时间和空间地点的制约，只要能访问到教学主页就能随时随地进行。

交流社区。该模块包括学生与教师和学生之间的讨论。教师可以预先提出问题，学生根据要求作答；也可以是学生在学习中提出问题，教师给予回答。学生间的讨论可以由个别学生提出观点或问题，以此引发其他学生的讨论，既可以是随机根据相关话题展开讨论，又可以是针对某一个主题或话题进行深入探讨。

工具资源。为了便于学生使用相关的教学软件，可集成一些常见的音频、视频、图像、解压缩、录音、电子词典等在网络学习环境中必要的工具，使学生不会因为使用网络资源存在工具方面的问题而耽误学习。

课程资料。课堂教学的内容是有限的，教材的容量也是有限的，为了让学生更好地拓展知识，拓宽视野，应该在本模块部分增加与学习主题密切相关的各类学习资料，这样能更好地满足学生个性化学习的需要。

单元测验。为了有效考察和评价学生在平时的语文学习情况，避免一些学生因为完成学习任务而临时突击学习的情况，可利用网络不受时空限制的特点，让学生自主进行单元测试。这不但可以督促学生按照相关教学计划要求的进度进行，检验学生的阶段性学习成果，而且便于教师根据学生的学习情况对教学做出适应性的调整。

期末考试。作为对某一个教学阶段学生的总体学习效果的检查，可以从与教学内容相关题目组成的题库中随机抽取，教师可以根据考核要求选择题型，确定分值。

以上就是网络语文教学系统的基本组成部分，通过上面的功能可基本完成教学任务。为了延伸语文教学的维度和空间，在有条件的院校还可以提供辅助模块，其中包括电子邮件服务、FTP 服务、聊天室、笔友栏等功能，使学生的语文学习空间拓展到校外，甚至国外。

二、网络化大学语文教学模式的操作程序

在明确网络教学系统的组成后，下面就探讨这种教学模式的操作程序。模式是实践的产物、现实的抽象，我们所理解的模式是以一定的理念为指导、在行为实践中建构形成的某种事物的结构样式。我们在教学实践中所要建构的语文研究性教学模式是一种在教师指导下，以学生为主体、问题为中心、"个

体—群体"互动合作探究为基本形式的教学结构形式。模式结构的运作是把课程目标、计划、教学内容付诸实践的过程。运作流程是否科学决定着教学质量的高低。

　　基本流程是贯穿网络环境语文研究性教学模式中的基本框架，而具体实施环节的设置及其组合，视语文学科性质、单元教学内容与对象的特点及其运作状况的不同而有所不同，也就是说上述模式流程结构组合是多元的、灵活的、动态的，而不是一成不变的。

（一）创设情境，发现问题

　　教师在教学的初始环节起着组织者的作用，教师的备课活动及教学安排需要提前做好。教学设计、学习内容、相关学习资料等都以多媒体、立体化方式镶嵌在网络语文教学平台上，教师根据教学计划对整体教学的实施进行具体的安排和要求。这是网络条件下语文教学得以实施的一个非常重要的环节。教师利用多媒体网络软件声、色、动画与文字相结合的优势，创设疑难情境，在教学内容和学生求知的心理之间创设一种"不协调"。设疑寻导，使学生产生较强的求知兴趣和参与需要，这是让学生全神贯注地投入语文教学活动、产生真实问题的前提。学生由感兴趣开始引起内在兴奋，在情境中教师引出学习课题，提供参与机会、示范指导、参与方法等。在这个阶段，学生初次参与，兴奋由内转外，将参与欲望外化为参与教学活动的行为。

（二）启发思考，自主探究

　　教师组织学生结合情境阶段提出问题，积极参加讨论，将学生划分为若干小组，每组6—8人不等，由小组长负责。教师对小组的讨论、合作交流做出必要的指导与调控，让学习主体自由畅述、相互启发，更投入、更积极地发表见解，交流意见，加深对问题的理解，获取更深入的体验，形成良好的合作学习气氛，确定每个小组要研究的主题，各组围绕自己的研究主题开展自主探究。

　　在此阶段，教师除了参与讨论，还要及时了解学生开展研究活动的情况，有针对性地进行指导、点拨与启发。可通过组织灵活多样的交流、研讨活动，帮助他们保持和进一步提高学习积极性。对有特殊困难的学生或小组要进行个别辅导，或创设必要条件，或帮助调整研究计划，充分发挥学生的独立性和自主性，给他们提供自我联想与想象、自我创造空间的可能性，使学生参与自主探究。学生在自主体验中，质疑问难，在自主感悟中发表见解，并从不同的角度审视别人的观点，这种个人意见与群体观点的相互碰撞与融合，对学生的研究能力和合作能力是很好的促进。

此外，学生的学习过程，必然需要熟悉网络条件下教学模式的基本特点和课程学习要求。这样就可以在网络上按单元结构对学习内容进行自主学习，并通过单元测试，以检测对所学内容的掌握情况。如果学生未能通过单元测试，应继续学习和巩固，直到通过课程要求。如果顺利通过单元测试，可以接受教师的面授辅导。之后，学生可以开始新的单元学习，按照这样的顺序完成教学内容。

总而言之，网络环境下的语文模式的操作程序实际上是学生个性化的自主学习过程。这是整个网络条件下语文教学最为关键的环节。在相关教学条件和设施齐备的前提下，学生就可以通过在线的网络教学平台学习。在教学系统里，教师和学生应该有各自不同权限的用户账号。这是在网络条件下展开教学的前提。教学中，师生分别通过自己的账号登录系统。学生学习的时间、内容及进程等由管理系统记录。如果是安排在正式的网络课堂上，学生则可在规定的时间和地点去学习。如果是课堂之外，学生可以随时随地进入网络系统学习。学生可以完全按照教师和教学系统设定的教学进度和要求来安排自己的学习，也可以根据自己个人的具体情况来确定学习。

（三）指导求新，展示成果

经过一系列的讨论和研究，学生得出了较成熟的结论，这时教师要积极组织学生总结研究成果，形成报告。体现研究性学习成果的形式由学生自主选择，可以是一篇论文、一份调查报告、一份主题演讲、一本探究日记、一个多媒体课件（演示文稿或专题网页）、一项活动设计方案等。因此，展示成果时，可以在课堂上面对面进行，由小组代表宣读自己的论文；也可以在网上发布研究成果。汇报的过程又是学生展示自己成果和学习他人成果的过程，这一过程可以培养学生创造性思维、语言表达能力和当众演说能力以及运用信息技术的实践能力，这些能力正是大学语文教学的目标要求，也是信息社会的人才所必需的素养。

（四）激励创新，效果评价

组织学生积极参与全班讨论，提出上述展示的研究成果中的优点和不足。教师点拨、启发，学生进行学习总结，巩固知识，教师给予鼓励性的评价。对其中的不足需要在汇报后继续修正或补充，以使研究更加完善，也为指导今后的研究性学习打下基础，最重要的是研究性学习的评价目的不是"区分"，而是促进"发展"。评价是为了学生找到自己能力的增长点，从而增强自信心，更好地改进学习；评价的作用需要通过学习者的自我反思和主动改进而实现；评价结果的表现形式是各个学生不同潜能的开发和对未来学习的建议。

第二节　网络化大学语文教学体系中师生关系的构建

在网络环境下，语文教师的教学活动和学生的学习活动都发生了巨大变化，所以他们各自角色也发生了转变。在网络环境下，语文教师和学生的角色各自有了新的内涵，我们必须对此进行再认识。

一、网络语文教学模式下的语文教师

（一）教学地位"从主体到主导"

"以教师为中心、以课堂为中心、以教材为中心"，在这样一个模式下，教师是主动施教者，学生是被动的外部刺激接受者即灌输对象，教材则是灌输的内容。课本、粉笔、教案和黑板是教师开展教学的主要工具。所以，教师被认为是教学中至高无上的权威，是教学过程的主宰者，是知识的控制者。很多语文教师往往习惯于考虑如何将知识更有效地传递给学生，如何精心地组织教学内容，合理地组织教学过程结构。设计"如何教"是教学的核心问题和关键环节。然而，在信息时代，大众传媒的多样化导致教师作为信息源的垄断地位不复存在，同时随着网络教育的发展、网络教学模式的逐步确立，倡导以"学"为中心，将"教师为中心"变为"以学生发展为中心"。具体讲，就是教师由"权威者"变为"合作者"和"指导者"，将学生从"吸收者"变为"主动参与者""创造者"。因此，语文教师的角色由单纯的知识传授者向多元角色转变。在网络教学中，语文教师由传统教学中的主宰者变为学生自主学习的指导者；由传统教学中知识的传授者变为学生建构自身认知结构、发展认知能力的帮助者；由传统教学信息资源的垄断者变为学生获取学习资源的导航者；由传统教学中单元媒体、简单教具的制作者和使用者变为以计算机、网络教学资源为工具的合作开发者和使用者。从"怎么教"变为"教学生怎么学"，让学生成为学习的主体，语文教师从主体转为主导。但是，语文教师的角色转变并不是削弱和放弃了语文教师的主导作用。如果以学为中心的教学过程中忽视了语文教师主导作用的发挥，忽视了师生交互和交流，那么这种教学无疑是失败的，学生的学习将会成为不着边际的漫游。必须要明确，在以学生为中心的网络化教学中，语文教师从"主演"变成场外的"指导"。语文教师对学生的直接灌输减少了，在整个学生学习过程中的作用不是削弱了，反而更重要了，

其将不再仅仅是给学生指出，在信息高速公路的哪个地方可以找到信息，他们还要做更多的事情……成功的语文教师须扮演教练、伙伴、创新人物和通向世界的交流桥梁。语文教师角色的这种变化，表明对语文教师的期望更高，要求更严。

（二）网络环境下语文教师必须具备良好的信息素养

一般语文教师的信息素养主要体现在信息意识、信息应用能力、信息道德等方面。

首先，语文教师应具有信息意识。语文教师要对信息具有强烈的敏感性，能够敏锐地感受信息，尤其是对新的和有重大价值的信息的感悟能力。网络教育是以信息为基础的学习方式，也是"信息本位教学"。语文教师只有具有强烈的信息意识，对信息和信息技术保持强烈的敏感性，才会积极主动地挖掘信息、搜集和利用信息，有效地获取信息，包括快速找出显性信息并能够通过这些显性寻找出隐含其中的隐性信息，优化信息获取策略而快速地获取信息，从而将其有效应用到教学实践中去。

其次，语文教师面对网络海量的信息，应具备网络信息检索和处理的能力，以及对新信息的创造开发和传递等一系列的综合能力，并能从大量的信息海洋筛选获取有用的信息，对获取的信息进行组织加工，为当前的教学服务，是网络教学环境下语文教师必备的一项技能。

再次，语文教师应该具备信息交流能力和协作意识。网络给人类社会带来的贡献之一就是信息共享和高实效信息交换。每一个人在共享他人的信息的同时，有义务将自己的信息与他人共享，否则，网络资源将面临匮乏和枯竭的境地。所以，网络环境下语文教师必须具备信息协作的意识。信息协作包含两个层面的意思，一是与他人的信息交流与协作，从而达到共享信息、提高信息的利用功效；二是与他人合作，共同挖掘信息、生产信息，达到更高层面上的信息开发和共享。同时，明了网络中发生的经济、法律和社会问题，遵守法律，尊重他人的知识产权、维护社会公德和网络安全，是每一个信息使用者的基本信息道德。

（三）网络环境下语文教师的能力结构

1.较强的网络教学设计能力

网络教学的一个重要特征就是突出学生创新精神的培养。在网络教学中，语文教师的职责并不在于传递多少知识，而在于通过精心的教学设计，激励学生思考，鼓励学生自主学习，在语文教师的引导下，实现学生知识的建构和创新精神的教学设计能力。网络教学模式以信息技术为教学媒介，"以学为中心"，所以教学设计与以往相比发生了很大变化。网络环境下的教学设计是在先进教育理念的指导下，以网络为基本媒介，以设计"问题"情景以及促进学生问题解决能力发展的教学策略为核心的教学规划与准备的系统化过程。网络教学设计的目的是激励学生利用网络环境协作进行探究、实践、思考、综合运用、问题解决等的高级思维活动。语文教师要进行教学目标的分析、学习问题与学习情景设计、学习环境与学习资源的设计、教学活动过程设计、教学媒体的制作以及教学过程的评价设计。网络教学设计理念要强调充分发挥学习者的主动性和创新精神，一切教学的设计从学习者的需求与特点出发，改变以往教学设计注重"如何呈现知识、如何讲授知识"及教学中普遍存在"满堂灌"学生被动接受、缺乏原创精神的现象，强调案例学习、参与学习、体验学习等"驱动"式学习。当然，也要注意教学设计中被信息技术牵着鼻子走，出现"机灌"代替"人灌"的现象。

2.协作性教学的能力

在现代社会，协作能力日益重要，协作也是网络教学的重要能力。例如，无论是基于网站的教学，还是网络探究教学，都是通过学生个体之间的相互影响、互相协作达到解决问题的目的。一个语文教师必须具备与他人进行成功协作的能力，这是语文教师培养学习者合作能力的重要素质和经验背景，这样才能把合作信息通过自身有效地传递给学生。同时，网络教学环境打破了传统教学中语文教师劳动的个体性和封闭性。语文教师之间通过网络等通信手段可以进行超越时空的协作，打破了以往封闭自锁视野狭窄的局限。因此，语文教师利用信息技术可以建立更为便捷、有效的协作关系，而且可以实现经验、智慧的共享，获得更广泛、更有力的教学支持。例如，可以实践网上教研，和其他教师一起讨论教学设计，得到反馈信息修改完善自己的设计方案。

3.较强的"导学能力"和"促学能力"

网络教学模式倡导"以学生为中心"，把学生当作学习的主体，但是由于学生长期习惯于被动地接受知识，突然让他们主动地去学习，有些学生就会感到不适应，不知怎样去学，感到无所适从，这时语文教师的"主导"作用凸显。所以，网络环境下的教学，其成败关键在于语文教师是否真正发挥了"主导"作用，以及"导"得如何。这就要求语文教师要成为网络环境下学生自主学习的导师，即语文教师要成为学生学习的帮助者、交流者和协作者，来促进学生的学习。这种能力不是单纯传递知识的能力，而是为了使学习者自身能够积极探究知识进行有效帮助的能力，强调通过语文教师有效的"导学"和"促学"，帮助学习者建构知识体系。这是一种新的能力意识，还需要摸索探究。

二、网络语文教学模式下的学生

在网络环境下，学生的地位从被动向主动发生转移，成为学习的主体。这对学生的基本素质要求与传统教学环境下也是不同的，学会学习、学会交流、学会协作便成为学生的关键技能，是学生学习能力的革命。[①]

（一）信息素养的要求

美国一所大学图书馆的大门上方就镌刻着这样一句话："知识的一半就是知道到哪里去寻找它。"互联网已经成为最大的知识资源的宝库，学生面对的是一个信息的"海洋"。网络学习能否成功，关键在于学生是否具备良好的信息素养。对学生来说，信息素养是指对信息进行识别、加工、利用、创新管理等各个方面基本品质的总和，包括信息知识、信息意识、信息技能、信息道德以及社会责任、信息创新等几个方面。信息素养不仅包括利用信息工具和信息资源的能力，还包括对知识信息需求的阐明能力，对各种类型知识信息的查找能力，对所获知识信息的组织、选择能力，评估、批判能力和吸收、利用能力，以及对知识信息进行交流的能力等，而且随着社会的发展，后者更加重要。在美国建立的《面向学生的美国国家教育技术标准》，对所有年龄段中学生应具备的信息技术素养的特征，在学科学习中能利用信息技术进行各科目学习的课程标准，以及在其中使用的各种信息技术工具与资源都进行了细致的、具有操作性的说明。例如，在语文教学中可以训练学生在短时间内对大量信息的快速浏览能力，把握文章重点的能力，提炼主要观点的能力，评价、分析、综合、表述的能力，下载、发布信息的能力。总之，信息素养可以看作一种高级的认知技能，是学生进行知识创新和学会如何学习的基础。具有良好信息素养的人不仅懂得如何学习，还具有终身学习的意识、习惯和能力。

（二）探究学习能力的要求

网络教学的目标是培养学生的创新精神和实践能力，网络学习强调的是学生的主体性、能动性和独立性，学习更多地成为学生发现问题、提出问题、分析问题和解决问题的过程。学习过程从灌输转变为自我探究，所以学生要形成善于质疑、乐于探究、勤于动手、努力求学的积极态度，在解决问题的过程中不断发现问题。

---

① 黄复生，魏志慧. 高等教育的国际化与多样化——访加拿大高等教育知名学者格兰·琼斯教授(1) [J]. 开放教育研究，2008(03):4.

（三）自主学习能力的要求

在网络教学模式中由于学生主体地位的确定和回归，强调教学中发挥学生的主体作用，同时网络教学环境给学生的学习提供很大的选择自由度，学生可以自主选择学习的时间、地点及方式。面对虚拟自由的网络教学环境，学生必须培养自主学习的能力。学生可以根据自己的兴趣、水平，自主选择合适的学习起点、学习目标、学习内容及学习策略，不断进行自我评价和激励，以此充分培养和发展自主学习的能力。另外，通过自主学习，学生有所收获，从中发现自身所蕴藏着的巨大学习潜力和能力，重新认识了自我，自信心得到增强，所以自主学习既能培养能力，又能促进学生情感的良好发展。与此同时，由于网络教学在中国尚处于开展阶段，网络教学环境下学生自主学习的能力有待进一步提高。调查表明，我国 60.7% 的学生上网主要是玩游戏，34.1% 的是在找朋友聊天，29.2% 是关注影视文艺动态，27.5% 是看新闻，24.3% 是发电子邮件，5.7% 是关注卫生保健信息。而美国一家广播公司的调查表明，在美国，67% 的学生上网是为了获取信息，48% 是利用互联网工具开展研究和创造性活动，46% 下载网上资料作为学习资料。显而易见，中美学生对比，我国学生的网络学习意识还比较淡薄，互联网只是作为娱乐休闲的一种工具。因此，其网络自主学习的意识需要强化，在实践过程中需要逐步训练自主学习的能力。

（四）协作学习能力的要求

互动性是现代教学理念的一个重要内容，主要体现在师生之间的交流和学生对教学的参与性。网络环境为师生交流和学生的主动参与提供了技术支持，使其成为可能。网络环境下的语文教学可以使师生充分运用留言簿、聊天工具、聊天室、BBS、邮件以及 BLOG 等方式进行交流互动。而在一些教学过程中，还可以让学生参与到教学设计中来，如选择学习内容、设计学习程序和设计学习策略等。网络教学的这种交互性、合作性对教学过程具有重要意义，改变了传统教育单向信息传递的模式，有利于发挥学生的主体作用。网络环境下的协作学习，是指利用计算机网络以及多媒体等相关技术，由多个学习者针对同一学习内容彼此交流互动和合作，以对教学内容比较深刻地理解与掌握。在网络教学环境下，强调以学生为中心的协作学习，学生在具有极大的自由度的同时，也要具有协作的意识。多媒体网络教学为学生协作提供了广阔空间和多种可能，使个性化学习成为现实。学生可以自主、自助从事学习活动，根据自身情况安排学习，而且可以通过交流商议、集体参与等实现协作学习，并在协作中提高学习兴趣和学习效率，通过贡献智慧，分享成果，进而学会协作。协作性意味着生生之间、师生之间通过电子邮件、讨论平台、视频会议等多种方式进行多元、多向交流互动。从学生之间合作关系来看，多媒体网络教学为学生合作提供了广阔空间和多种可能，使个性化学习成为现实。学生可以自主、自助从事学习活动，根据自身情况安排学习，而且可以通过交流商议、集体参加等实现合作，通过贡献智慧、分享成果，进而学会合作。"独学而无友，则孤陋而寡闻。"在网络课堂中，师生、生生间的互动大大增加，可以形成一种跨越时空的、开放的、广泛的、交互的、平等的讨论，相互启发，集思广益。师生、生生间的合作学习成为一种必然。课堂成为一个真正的沟通、交流、学习的场所。

三、网络语文教学模式下的师生关系

因此，通过对网络语文模式下的教师和学生的分析，我们可以总结出，在新模式里，教师在传统教学中的权威性角色受到严重挑战，"传道、授业、解惑"的角色，被赋予了新的内涵。在网络教学模式里，教师要为学生提供知识服务、信息服务、技术服务、答疑解惑等，这要求教师不仅要有扎实的语言功底，还要有娴熟的计算机操控能力，教师既是学生学习的指导者、监督者、研究者，又是教学软件开发的参与者和学习活动的协调者。为了保证学生的充分参与和自主学习，教师在学习过程中，要为学生提供各种信息资源，确定所需资源的种类和每种资源在学习过程中所起的作用。这就要求教师不仅要掌握多媒体技术以及相关的网络通信技术，对各类资料进行分析研究、过滤精选、归纳整合等，还要研究学生的知识结构、学习动机、学习风格等。教学中，教师要引导帮助学生确定适当的学习目标，选择达到目标的最佳途径和方法，指导学生高效地学习，掌握学习策略，培养学生自我调节、自我监控等能力，形成良好的学习习惯，避免学生迷失在信息的海洋中。教师要随时关注学生的需求，及时解答有关问题，做好学生学习的向导。面对丰富的网络教学资源，教师要平衡网络学习资源和教科书的关系，做好对学生浏览网站和学习内容的有效监督，让学生在教学要求的范围内进行自主学习。同时，教师要根据教学大纲、教学要求和学生个体差异将现代信息技术和课堂教学整合起来，配合课件及信息技术人员为学生设计出基于情景、体现个性、形式多样的学习任务，以开发学生的发散性思维、培养学生探究式的学习方法，充分调动学生的学习积极性，促使高效学习。[①]教师作为协作者，在组织协作学习，建立良好、和谐的师生关系，组织、监督学生间和师生间的交互方面发挥着很重要的促进作用。

---

① 孙蔓红. 我国语文课堂教学模式的变迁 [J]. 江苏教育学院学报（社会科学），2010 (07): 133.

　　在以学生为主体的教学模式里，学生从传统的知识接受者变为意义的主动建构者。在教师的引导下，学生可以根据自己的水平，自主选择适合自己的起点、进度、学习内容、学习目标及学习方法；课堂外可自主选择学习的时间、地点，自主参与协作讨论；自主建构新的知识以及自主评价等。学习过程中，学生既是语言学习材料的准备者，又是使用者，他们的自主能力、创新能力、实践能力和继续学习能力得到了良好的培养和锻炼；他们的潜能得到了发掘，个性得到了培养，创意也得到了鼓励。因此，学习成为一个快乐的探索和创造过程。在这个探索和研究的学习过程中，他们创造了一种完全属于自己个性的学习方案和学习策略，并不断突破，不断获得新知识，不断发展自己的研究能力。同时，这种模式最大限度地调动了学生的学习积极性。在进行自主性、探究式学习时，学生还可以和同学、朋友及教师等进行交流和沟通。

　　综上所述，尽管网络化语文教学模式已经在许多方面展示了其无可比拟的优越性，然而由于它自身的特点在师生关系方面遇到了一些矛盾，就是说相比较于传统的语文教学模式，它增加了师生之间交流的障碍，拉大了教师与学生甚至是学生之间的距离，进而不利于教师和学生之间的感情沟通。网络化语文教学模式主要依靠教师—网络—学生的渠道来进行教学活动，这就减少了教师与学生之间、学生与学生之间面对面的沟通。在这样的网络化语文教学模式下，语文教学中很少再有教师富有感情的讲解，也没有学生积极配合教师回答问题的声音，课堂变得死气沉沉、了无生机，教师与学生之间、学生与学生之间的沟通交流没有了。这样的网络化语文教学模式没有了人文主义的关怀，没有发挥教育本应具有的社会化特征，不利于学习者社会化的培养，不能培养学生的情感道德，不利于调动学生的学习积极性，也就不利于开展有效的语文教学。由此看来，网络环境下的教学是教师主导作用与学生主体作用相结合的过程。[①] 在强调教师主导作用时，不能忽视学生的主体作用，因为如果没有学生积极主动地参与学习，教师的任何教育措施将无法落实，教师的主导作用就无法实现。反过来，我们在强调学生主体作用时，也不能忽视教师的主导作用，毕竟教师的学识和能力对引导网络环境下的学习是必不可少的。怎样让网络化语文教学模式中的师生沟通和实际的社会沟通交流方式更好地衔接起来，构建教师、学生以及网络资源之间互相帮助的完善的教学模式，是网络化语文教学模式探索的重中之重。著者认为，只有将教师的主导作用与学生的主体作用有机地结合起来，才能充分调动学生积极参与教学活动，实现教学效果最优化。

---

① 　曾令琴. 高校立体化教材建设探析(1) [J]. 中国职业技术教育，2007 (22):32.

第三节　网络化大学语文教学评价体系的构建

网络条件下大学语文教学模式，打破了地域和时空的限制，实现了双向交互，延伸了语文学习的内涵，更新了学习的方式，而且能更好地培养学生自主学习的能力，也锻炼了学生创新思维、解决问题的能力。为了全面看待这种教学模式的效果，必须采用相关方式对其进行评价。

一、形成性评价、诊断性评价和总结性评价相结合

学生是学习的主人，学习本身是一个动态发展的过程。网络环境下的情景创设、知识的意义建构以及人与人的协作关系都是随着时空的转变而变化的。因此，在网络教学中，我们要充分利用网络反馈及时、管理方便、省时省力等特点，对整个教学过程做跟踪监控、检测、指导。所以，要更多地采用形成性评价，关注教学活动中学生的学习兴趣、学习状态、学习态度、应变能力以及影响学生学习的各种因素的变化，从中发现问题，及时反馈给学生，并提出建议和补救措施。此外，为了使网络教学更有针对性、预见性，还需对学习者进行诊断性评价。它一般被安排在教学设计前，是制定教学目标、组织教学内容、选择学习策略的依据。而总结性评价则是关注整个阶段的教学结果，是为了获得教学工作总效果的证据。在整个教学过程中，应将这三种评价方法结合起来，以便更客观地对网络条件下的大学语文进行系统化的评价。

二、以自我评价为主，结合教师评价、小组评价等多种评价方式

基于网络环境下的教学模式，以建构主义为指导，主张自主学习，鼓励学生积极参与学习、研究，发挥首创精神，实现自我反馈。学习者每一次实现对原有认知结构的改造与重组，就是完成了一次自我肯定、否定、再否定的辩证评价过程。网络教学强化了学习的自主性，为自我评价提供了强大的"硬件平台"，如集成化的学习环境，具有交互功能的学习资源等，有利于学习者明确具体的学习目标、培养个性化的习惯和方法，使学生由评价客体成为评价主体，提高了学习的参与性，增强了学生的评价能力，使学生和学习结果之间有了更直接的联系。

三、根据评价目的和标准制定评价指标体系

教学模式的优劣、教学效果的好坏必须要有合理的评价指标体系来评判。作为一种规范，评价体系是明确的、可测量的和可被观察的，其的确立是和教学目标相一致的，而且操作性要强。对于网络条件下教学模式的评价，应包括对学生、教师、学习情景、协作、会话等方面。学生方面，要看其运用信息技术探索、学习和研究的能力是否得到了提高；是否具有团队精神，是否具有在网上相互交流和信息共享的协作学习能力；是否提高了创造性解决问题以及知识外化的能力。教师方面，要看制定的教学策略、教学方法是否有针对性，是否能有利于学生的自主性学习和综合能力的培养；能否具有用现代教育技术对学习进行监测、管理、指导的能力。当然，教师评价和小组评价的作用也不容忽视。教师评价为学生对知识的意义建构提供了一种引导，而学习者之间的相互交流、协商、评价，可能引起各种层次和类型的文化碰撞、价值观的碰撞以及思维的碰撞，这有助于他们在认知层次上达到协同，从而提高教学效果，将三者有机结合在一起，可以使评价更科学、更合理、更客观。

第四节 网络化大学语文教学体系下的教学策略

网络条件下大学语文教学中，教学策略的核心是如何发挥网络环境和传统课堂教学的优势。一方面，要最大限度地发挥网络环境下语文学习的效率，强化学习的效果，让语文听、说、读、写等技能得以全面均衡的发展，培养学生自主性的学习能力；另一方面，不放弃传统课堂教学的优势，让教师讲授成为真正吸引学生兴趣、引发学生积极思考、培养学习能力的一个重要环节。

一、要树立网络教学的理念

教学中，要以现代教育理念为指导，充分利用现代信息技术，优化教学效果；重视对学生个性需求的满足和自主学习能力的培养。在学生学习语文知识的同时，能够全面培养其自身的个性、人格、道德、社交及其他能力等。教师对教学内容的选择和安排要以突出培养学生的能力为出发点，体现出网络教学人性化的特点，对学生的要求和管理也要以人为本，充分尊重学习者自己的选择。

（一）加强文本意识

所谓"文本"，对语文课堂来讲，就是以"文"为本，以学会阅读、揣摩、运用语言文字为本。在网络环境下语文研究性教学的开展中，要加强文本意识，具体到本模式中，就是引导学生开拓教材的研究价值。

在本模式的阅读教学实践中，著者具体设计了以下几种研究性学习模式。一是就一篇文章，通过问题设计铺设台阶的方法，开展语文研究性学习。因为一个人在学习中一旦向自己提出了某个问题，就会产生解决它的强烈愿望，就能够更敏锐地感受和觉察到与该问题有关的各种信息。在问题设计上，我们既可以一文多题，也可以一文一题。二是就几篇文章进行比较，开展比较式的研究性学习。比较本身就是研究，就是一种思维方法。比较的过程就是研究的过程，就是培养思维能力的过程。比较是选取两种或两种以上的文字材料，可以是内容之间的比较，也可以是表达方式、语言技巧方面的比较。通过比较，鉴别出它们的异同或高下，从中找出事物之间的联系，找出作品好在哪里，提高分析和评价的能力。在比较研究中，除了同类文章可以进行比较，异类文章也可以进行比较。三是选择一组文章，围绕一个中心，开展专题性的研究性学习。著者认为要培养学生持久的研究兴趣和纵深的研究能力，最好是开展专题性的研究性学习。

（二）创设一定的问题情境

创设一定的问题情境是语文研究性教学的重要环节，因为语文研究性教学重在提高学生对文本所反映的生活或现实生活思考和判断的能力，发现并确定具有探究价值的东西。教师通过充分利用形象，创设具体生动的问题情境，能有效激发学生的学习兴趣和学习热情，引导学生充分地理解和运用语言，提高学生的语文能力和审美情趣。当然，在本模式中，大部分探究的问题是由学生来提出，但是教师在研究性学习中创设情境的导向作用是毋庸置疑的。教师所创设的问题情境一般可分两种：一种是真实的，一种是虚拟的。由于受教学环境的限制，上课所创设的情境往往是虚拟的。另外，创设问题情境还可以结合课文内容来确定。学生在语文学习中，往往会遇到大量的问题，教师和学生可从中筛选一部分问题去研究。

在本课题的研究实践中，著者具体是从以下几个方面创设情境的。

1.图画再现情境

即充分利用插图、电影片段等，为学生提供鲜明生动的画面，以图导文，图文合一，启迪学生的思维，引发学生的想象，引导学生在图文并茂、情景交融的氛围中细细品味文字，大胆质疑。

2.生活显示情境

生活是语文学习的最好教师。语文学习的外延和生活的外延相等，创设生活情境，一方面可以把生活引入课堂，在这种思考中去感知教材的情感和道理，去发展学生的时空想象力，以收到"他山之石，可以攻玉"的奇妙效果；另一方面是将学生引入大自然，引入社会。引导学生结合教材内容领略他们能观察到的大自然的方方面面。这不仅可加深学生对教材的理解，还可以培养学生热爱自然、热爱家乡、热爱生活的深厚感情。

3.音乐渲染情境

音乐是人类共同的语言，很容易引起学生感情上的共鸣。借助音乐语言，再现教材提供的情境，可紧紧抓住他们感情的动情点，以情入手，以情导情，情理兼顾。用音乐渲染情境，不仅有助于学生对教材的把握，还对对培养学生健康的审美情趣起到至关重要的作用。

4.扮演体会情境

就是师生共同扮演课文中的不同角色，去体验作品中的角色。扮演实际是一次再创造，学生在扮演过程中必须实现角色的转换，必须细细揣摩作品人物的每一个神态、每一个动作、每一丝心理波动，才能用丝丝入扣的感情、恰如其分的语言绘声绘色地将其朗读出来，给人一种如见其人、如闻其声、如现其情的身临其境的感受。

二、处理好接受式学习与研究性学习的关系

学校教育的重要功能之一就是传承人类文明。知识是文明的重要载体之一。在知识传授过程中，接受式学习发挥着极其重要的作用。在新经济时代，创新精神、实践能力得到空前重视，这是社会政治、经济、文化发展对教育的需求，是经济一体化的必然结果。但是，这并不等于说接受式学习就已经过时。教师要明白把研究性学习引进语文课堂，并不是放弃教师的责任，更不是视知识传授为破帚。每一种学习方式，自有它存在的合理性与认识功能。学生在求知过程中是需要思想和情感相互激荡的，能直接交流的接受式学习还是有它的独特魅力的。引进研究性学习并非要否定接受式学习，或贬低其功用，而是为了丰富语文课堂教学的模式，提高学生的综合素质。在网络环境下的语文研究性教学模式中，应让研究性学习与接受式学习有机融合，科学地将二者渗透于整个教学活动中。

三、要发挥好教师和学生在教学中的作用

作为学习活动的主体，学生是教学中决定性的因素，任何好的方法和教材都需要学生自己去尝试和使用。作为教学活动的主导，教师要对学生的学习活动进行全面的指导和帮助。网络条件下大学语文教学新模式能否从根本上取得预想的效果，一个关键要素就是看师生能否充分发挥各自在教学活动中的作用。

语文研究性学习强调学生的自主性，但并不是说不要教师的指导，相反对教师的指导提出了更高的要求。教师不但要指导学生选择恰当的课题，而且要指导学生如何有效地搜集相关材料，分类处理材料，提炼观点，和学生商量成果的展示形式等。教师的指导应贯穿于研究性学习的全过程。教师应积极参与学生的研究性活动，指导学生研究性学习的方向，梳理研究思路，推荐好的研究方法，对学生的研究进行适当的点拨和校正。当然，这些指导都是点到为止，绝不能越过界限。

四、构建网络化语文教学模式的原则

（一）切合学科特点

语文学科有语文学科的特点，虽然信息技术与语文学科的相互结合、渗透，使各要素都能发挥最大最优的效益，达到了优化教学过程、提高教学效率的目的，但是既然是整合课，重点还应落在语文教学上，应该回归到培养学生的语文素养上来，也就是学生听说读写基本能力的培养，也包括人文精神的培养。千万不能片面强调网络教学的表面作用，忽视母语对学生的熏陶作用，忽视许多语文作品的具体形象性和阅读表达中个人感受的独特性，把语文课上成信息技术课或其他课。

（二）辅助性

网络介入语文教学活动，其固有的超文本阅读，信息量丰富，交互性强，快速反响，贮存量大以及集图、文、声、像于一身的技术特点为优化语文课堂教学，培养造就自主发展的人创造了有利条件。但不论网络资源多么丰富，信息技术多么先进，它在语文教学中也只是一种工具，是辅助教学的手段，不可能成为包医百病的灵丹妙药，任何时候都不能代替目的。现代教育理论告诉我们，教学要注重学生认知方法的培养，教会学生学习，运用信息技术以引导学生通过发现、探究和意义构建的途径获取知识。也就是说，教学手段是学生进行发现、探究、认识社会和接受新信息并最终完成意义构建的工具。语文教学中运用一切工具和手段的最终目的都是为了上好语文课，培养学生的听说读写

能力，发展学生的语文素养。因此，网络教学中要切实把握好这个度，绝不能主次倒置。

（三）个别化教学

传统教学中，学生学习水平与能力的差异是客观存在的，解决因材施教比较困难。网络技术引入教学后，一对一的人机对话，使每个学生每时每刻都能得到计算机的个别指导，并且每个学生都能得到所需的教学信息，既能照顾学习差的学生，使之从容不迫、循序渐进地学习，又能满足学习水平高、反应敏捷的学生，使之学得更快、学到更多，解决了学习好的吃不饱与学习差的消化不了的矛盾，使各类学生达到分层递进，各有所学，从而做到因材施教。

（四）主体性

网络资源及其手段应用于语文教学，其图文声像并茂的动态传播，能激发学生的学习兴趣，启迪学生思维，为学生创造一个直观的学习环境。但运用网络进行语文教学时要始终注意发挥学生的主体作用，因为素质教育倡导帮助学生增强和发展其主体性，使其逐步成长为社会生活的行为主体。语文教学应该是培养学生主动探索知识、增强主体意识的过程。如果一厢情愿地使网络资源及技术充斥于教学的全过程，把学生当成可随意填塞知识的"容器"，学生的学习效率就会大大降低。

（五）自主性

在网络教学模式下，教学资源十分丰富，这为学生自主发现、自主探索的学习方式提供了良好的条件。学生不仅可以在教师的指导下掌握教学内容，还可以利用网络主动地获取无限的相关知识，并能不断地提出新问题，进行选择性学习，促进对已有知识的巩固。在这种环境下，学生自身的主动性、积极性和创造性会得到充分的发挥。因此，教学中必须突出这个原则。

（六）创造性

创造性原则有两方面的含义：一方面要求教学方法有独创性；另一方面要求培养学生的创新能力。许多教师怀着对网络教学的满腔热情，寄希望于一个可供效仿的网络教学模式中，这就违背了素质教育的创造性原则。如果教师仅利用现成的网络资源而不进行自己的再创造，抑或不知调整处置教材，不负责任地、无准备地把学生无序地推到网络面前，不仅让大量信息把学生淹没，还会将语文教育带入混沌的状态。先进的教学经验之所以先进，是来自创造者自身的高素质。教师不仅要努力提高自身素质，还要在运用网络技术教学中特别注重培养学生的创新能力，努力使学生视野开阔，思维活跃，多角度、全方位地思考问题。运用网络进行教学就要让它丰富的表现力引发学生无限的遐想，激发学生无穷的联想，使学生思维高度活跃而引发创新的火花，激发主动探究的欲望。因此，在教学过程中应渗透认知教育、情感教育和人格教育，培养学生的思维能力、想象能力、创造能力以及个性、灵气等。

五、要处理好几个矛盾关系

互联网环境下的语文教学模式存在两个主要的矛盾关系。一是突出现代化教育技术时不能淡化或忽视传统的课堂讲授环节。计算机网络虽然呈现很强的教学优势，但是毕竟是教学媒体，属于教学工具的范畴，利用它展开教学有其局限性，在组织教学与管理、发挥教学的情感因素等方面带来很大的困难。所以，在使用网络进行教学的同时，要注意发挥传统教学的特点和优势。二是强调自主学习的同时要关注教学中的互动环节。语文教学作为一个动态过程，要求教师、媒介和学习者之间互为影响、彼此合作。因此，在教学过程中应针对不同的教学对象，充分发挥教师与学生的主观能动性，通过人机互动、师生互动和学生互动的形式促进相互交流，培养学生的语言交际能力。

第六章　互联网时代大学语文教学中的翻转课堂模式

第一节　翻转课堂教学模式概述

一、何为翻转课堂

翻转教育是近年来十分流行的教学方法之一，翻转教育又称为翻转课堂，起源于 2007 年美国科罗拉多州伍德兰公园的伍德兰公园高中。由于往返学校之外的地方需花费的时间很长，经常导致大量学生因为参加学校与学校之间的活动而耽误课程，学校里的两位化学老师乔纳森·伯格曼与亚伦·萨姆斯为了解决学生们因参加学校活动而缺课的情形提出了这样的化学课程设计。其具体的做法是教师于每堂课之前先录制视频并上传至互联网，让学生在上课前先自主学习或缺课后补上进度，而把课堂的时间用来跟学生互动，或为学生解惑，或协助学生完成作业。这种在家自主学习课程内容并于教室内完成作业的方式，与传统的授课方式恰好相反，而教室内的主角也由教师转换为学生，故称之为"翻转教育"。

翻转课堂概念其实非常简单：学生在来上课之前，根据个人情况通过视频或者其他学习课件完成直接教学。这种时间转换使老师能够将课堂时间用于提高整体教学效果，或者提供学生所需的个性化教学。简而言之，翻转课堂是学生在课外完成直接教学，而将课堂时间战略性地用于集体或个性化活动。翻转教育使教师能够将课堂时间用于提高整体的教学效果，或能提供学生所需要的个性化教学，不但增进了课堂品质，也增强了学生的学习动力，近年来很受欢迎。由于参与翻转课堂的学生必须具备在家学习的能力，若在中小学阶段施行，尚须得家长的协助，方能顺利进行。但在大学阶段实行，因学生多已成年，心智发展也趋于成熟，且拥有一定程度的自主学习能力，只要教师能在课堂上营造出良好的气氛，设计有趣的课程内容与活动，使学生产生足够的学习动机，必能获得良好的成效。

翻转课堂由任课教师创建视频，形成教学资料包上传网络，学生观看视频进行学习，课堂主要用于解决学生在学习中遇到的困难，讨论学习的重、难点的教学方法。翻转课堂具有节约时间、提高教学质量的优势，不受地点、时间的限制，学生能根据自己的时间自由学习。

互联网丰富的资源为大学语文教学提供了丰富生动的素材和手段，充分利用互联网增强翻转课堂教学效果，已成为当前大学语文翻转课堂教学的重要手段。如何创新基于"互联网+"的大学语文教学方法成为摆在教师面前的现实问题。在应用课件进行教学的过程中，教师们发现这种教学方式能够大量地节省课堂时间，在课堂中可以有更多的时间来解答学生的问题，着重讲解教学重点，突破教学难点，因此，翻转课堂逐渐推广开来，形成了普遍的教学模式。其具有教学视频短小精悍、教学信息清晰明确、重新构建学习流程、复习检测方便快捷等特点。

二、翻转课堂的内涵

哈尔滨师范大学的张瑜在《翻转课堂在高中语文教学中的应用研究》中提到了翻转课堂的教学实施模式的内涵，他认为翻转课堂主要分为课前、课中两大部分，课前主要包括观看教学视频、针对性的课前学习两大部分，课中主要包括三大部分，即快速少量的评测、解决问题、促进知识内化总结反馈。[①] 我国大部分学者认为与传统的课堂教学相比，翻转课堂中的教师是学习的引导者，学生是主要的学习研究者，教学形式则由课上讲解和课后作业转为课前学习和课上研究，在技术应用方面更加重视多种方式的协作讨论。

总的来说，一般意义上的翻转课堂主要包括两大过程，即学生课前预习和课上讨论。课前预习是指学生根据教师事前已经录制好的教学视频对整体课堂内容有所了解，进行自主学习，而课上讨论是指学生根据课前学习将有所疑惑的地方与学生进行讨论，在教师的引导下掌握所有内容。[②] 不难看出，翻转课堂主要包括两大含义。一方面，它是对课堂授课和家庭作业两大部分的先后顺序进行了调整。传统意义上的教学更加注重课上教师的讲解而忽略了学生的学习自主性，而翻转课堂教学模式改变了这种现状，更加重视课前预习，增强了

① 丁建英，黄烟波，赵辉. 翻转课堂研究及其教学设计研究 [J]. 中国教育技术装备，2013 (7): 88.
② 钟晓流，述强，焦丽珍. 信息化环境中基于翻转课堂理念的教学设计研究 [J]. 开放教育研究，2013 (1): 58.

课前学生对知识消化吸收的过程，增强了学生的学习能力。另一方面，翻转的是教师和学生的角色。教师在改变教学方式的同时其本身扮演的角色也发生了改变，教师开始由原来的课堂主导者、讲解者变身为知识引导者、传播者，学生也由被动的学习和接受变得更加喜欢探索发现。在翻转课堂的教学模式中，包含了自主学习和合作学习的内涵，这是对传统课堂教学的颠覆和改革，同时也有对日益发展的网络化学习环境的适应。

三、翻转课堂的特点

首先，翻转课堂教学模式更加注重学生课前学习。从对翻转课堂教学模式的起源和概念界定可以看出，无论是国内外哪种论述，都在定义中强调学生在课前观看视频进行自主学习的过程，这是翻转课堂教学模式与其他教学模式不同的地方。这些课前视频一般由教师提前录制并挑选好，视频一般短小精悍，时长控制在 10 到 15 分钟，这样的时长控制可以帮助学生在较短的时间内尽快掌握课程内容，同时不会因为时间过长而产生观看疲惫的情况。视频内容多是对每节课的主要知识点进行针对性讲解，学生学习起来更有目标性。此外，这些视频具有暂停、前进、后退、缓存等一般意义上的视频具有的功能，学生在观看时的自主性和灵活性增强，便于更加准确地把握视频知识。翻转课堂的另一大优势是，与知识内容相匹配的演示文稿画面都匹配有相应的讲解配音，这种配音与学生的思考过程相一致，缩短了与学生之间的距离感，并且更加精准，在提炼知识内容和重难点方面高度精练、便捷。

其次，翻转课堂教学模式十分注重学生个性化学习。传统意义上的课堂教学，大部分的时间都花在了教师对知识点的讲解中。在这一过程中，教师讲解知识点的时间要远远大于学生自主思考时间。在这样的课堂上，学生的思维跟着教师一起运转。虽然学生在课堂上已经掌握了知识之间的内在联系和逻辑，但是到了课堂之外往往会出现知识点模糊、疑惑的地方，这时无论是问教师还是同学，都存在着一定的滞后性，这种疑惑的地方如果不及时解决，长此以往，学生难解的内容会逐渐增多，学习压力越来越大，不仅会出现学习挫败感，更会失去学习的积极性。翻转课堂教学模式改变这一课堂教学弊端，在课堂学习之前通过短小的教学视频让学生快速掌握知识内容，对于难以理解的知识点可以在课堂上与同学之间的互动讨论中解决，也可以寻求教师的帮助，这样大大减少了学生对知识难点的疑问程度，顺利完成知识的吸收。

四、翻转课堂相关学习理论

（一）微学习理论

微学习理论，又称为微型学习理论，这一概念最早是由奥地利学习研究专家林德纳于 2004 年提出的。林德纳将微型学习表述为一种指向存在于新媒介生态系统中，基于微型内容和微型媒体的新型学习。[1] 要想顺利实现一场微学习活动，必须要具备以下四方面的因素，即微学习者、微环境、微内容、微媒介。不难理解，微学习指的就是从事学习的人群，微内容则是微学习者将要学习的对象。但是，与一般意义上的学习者和学习对象不同，微学习者的范围不仅局限在学校这一学习机构，而是泛指社会上所有进行学习过程的人，微内容也从学校课堂上专业知识理论扩展到社会各行各业中，凡是需要人们调动一定思维、知识，在原有的知识结构上形成新的知识经验的信息都是学习对象。微媒介指的是在学习过程所运用的工具和载体。在信息技术的发展浪潮下，微媒介也由原来仅限于书本和教师面对面口头传授的方式变得日益多样化、智能化、简单化、微小化，电子词典、移动手机、私人电脑、电子阅读器等新兴媒体都成为受人追捧的学习媒介。微环境则是微学习活动的外部支撑，它不仅包含支撑微媒介传输数据的有线和无线通信网络，更为强调的是微学习者之间、微学习者与辅导者、微学习与微内容之间的互动关系。

微学习理论以一种全新的知识学习形式开始受到人们的欢迎，并逐渐对学校的教育领域产生影响。作为学习形态的一种，微学习除突出学习内容的微小化和片段化之外，还强调学习者的全民化、终身化，学习时空的泛在化，学习过程的个性化以及学习环境的生态化。微学习理论与翻转课堂的教学模式不谋而合，作为一种充分利用学生碎片化时间的教学模型，微学习理论无论是在教学内容、教学媒介、教学环境上都可以为翻转课堂的教学模式带来更加便捷化、高效化的教学体验。在该教学模式中，微视频的应用就是微教学理论的最好体现。微视频借助现代电子媒介，变口头传播为视频图像这一信息的呈现形式，不仅提升了所传递知识的形象性、立体性，还大大减轻了学生在学习过程中的压力。

微学习概念的提出及历时十年的发展初步形成的理论体系，对同样新型的翻转课堂教学模式有着特殊的指导作用和意义。

---

[1] 张金磊, 王颖, 张宝辉. 翻转课堂教学模式研究 [J]. 远程教育杂志, 2013 (2): 73.

（二）传播学理论

汉语中"传播"最早是分开使用的，即"传""播"。二者较早地合体见于《北史·突厥传》："宜传播中外，咸使知闻。"传播学中所使用的"传播"一词，是 Communication 的对译词，是 20 世纪 80 年代初引进过来的，有"共有"加"交换"之意，本意是分享的意思。其含义包括传达、通信、会话、交流、交往、交通、参与、共同、分享等。

关于传播学，威尔伯·施拉姆在《传播学概论》中提到，"研究人——研究人与人的关系以及他们所属的集团、组织和社会的关系；研究他们怎样相互影响、受影响，告知他人和被他人告知，教别人和受别人教，娱乐别人和受到别人娱乐。要了解人类传播，我们必须了解人是怎样相互建立起联系的"；吴文虎在《传播学概论》中认为，"传播学研究涉及的主要领域有传播的信息系统、人际传播、组织传播、大众传播、跨文化与发展传播、政治传播、教育与发展传播、卫生保健传播、传播哲学、网络传播，以及传播新技术、公共关系、妇女权益学术探讨等专题"；郭庆光在《传播学教程》中提到，"传播学的研究对象不是别的，正是社会信息系统本身，传播学是研究社会信息系统及其运行规律的科学"；李彬在《传播学引论》指出，"传播学是研究人类传播活动及其规律的科学。大致来说，他的研究范围包括人际传播的与大众传播两个方面，其中尤以大众传播方面的研究为主"。综上所述，我们可以将传播学概括为研究社会信息系统及其运行规律的一门科学，传播学的研究对象不是一成不变的，而是随着传播学学科的发展而有所变化的。传播学最初的研究成果主要是从大众传播领域中获得的。随着传播学研究成果的日渐丰富，传播研究的范围扩大了，传播学的研究对象也从大众传播领域扩大到社会传播的各个领域。

传播学是一门有着漫长的过去，但只有短暂历史的学科。作为一门学科，孕育于 20 世纪上半叶，形成于 20 世纪中期，诞生在美国。传播学的早期学术思想源流包括两个方面：一是欧洲源流，二是美国源流。依据历史线索的先后和学术影响的大小，孔德、塔尔德、涂尔干和齐美尔等人的研究成果，不但看到了传播媒介对社会生活的意义和作用，而且在某些意义上，它们成了美国传播学研究中实证主义和功能理论的直接源头，主要包括法国社会心理学家塔尔德和他的模仿理论，德国社会学家齐美尔和他的网络理论。塔尔德认为，一切社会事物"不是发明就是模仿"，纯粹的发明是极少见的，大量的行为是模仿。其模仿理论对后来从社会心理学角度研究传播在人格形成和人的社会化过程中的作用具有重要影响。齐美尔认为，社会是由个人之间的互动所组成的，人际互动的形式是合作与冲突、领导者与追随者以及人际交往的过程。应美国社会政治、经济、文化和媒介发展的需要，以及美国学术界鼓励创新研究、注重系统分析和实证分析，使传播学在美国诞生。在美国，传播学研究的源头可以追溯到杜威、库利、帕克和米德。威尔伯·施拉姆是传播学史上"伟大的概括者"，经过对前人的传播研究加以系统化、正规化、完善化，创立了传播学，一生撰写和主编了 29 部传播学论著，贡献了众多的理论成果，如《大众传播学》《报刊的四种理论》《大众传播媒介与国家发展》《传播学概论》等，为传播学理论的进一步深化发展奠定了基础。传播学理论由九大理论板块来构筑和组建：传播科学论，这是对该学科研究对象、范围体系和意义的宏观认识；传播过程论，这是对人类传播的特性、模式、要素、分类、功能、原则等基本问题的中观认识；传播主体论，这是对传播主动者和信息发布者的形貌特点、传播机制、调控形态等的认识；传播客体论，这是对人类传播的内容或信息的认识；传播载体论，这是对传播符号和传播媒介（合称传播载体）的认识；传播对象论，这是对信息传播的终点——接收者的特性、动机、需求以及接受机制的认识；传播效果论，这是对传播效果的认识与追踪；传播环境论，这是对环绕、置放在传播活动周围的情况和条件的认识；传播方法论，这是对传播活动、传播谋略、传播技巧等具体操作行为的形貌、特征、使用规律及其功效的认识，同时包含传播学的研究方法。

从上面的论述不难看出，教育实际上属于信息的传播过程。根据传播学理论对传播过程的划分，我们可以将教育这一知识的传播过程划分为五大方面：传播者（教师）、受传者（学生）、传播内容（知识）、传播途径（教学方法）、传播效果（教学效果）。也就是说，教育者将自身所掌握的新的知识信息借助一定的技术设备传播给受教育者的这一传播过程就是教育传播，衡量这一传播过程好坏的标准就在于传播效果，也就是受教育者是否真正构建起符合科学的新知识结构。①传播学与教育学相结合，进一步细分了知识传递过程中的各个要素，对我们准确把握教学过程、提高教学质量都有巨大的启发意义。在大学语文的教学过程中，教师可以充分借助这一理论，在采用翻转课堂教学模式时，从这五大方面入手，在不断丰富自身知识储备的同时，注重教学工具的使用，采用信息网络技术，通过丰富的视频、音频、图像等传播媒介提高学生的学习积极性，在与学生相互交流互动时及时把握并

---

① 王蔚, 孙立会. 翻转课堂教学模型的设计——基于国内外典型案例分析 [J]. 现代教育技术. 2013(8):5.

修正学生的思维误区，帮助学生正确理解所传递的知识信息，达到良好的教学效果。

（三）教育心理学理论

教育心理学是研究教育教学情境中学与教的基本心理规律的科学，它主要研究教育教学情境中师生教与学相互作用的心理过程、教与学过程中的心理现象。教育心理学的具体研究范畴是围绕学与教相互作用过程而展开的。学与教相互作用的过程是一个系统过程，该系统包含学生、教师、教学内容、教学媒体和教学环境等五要素；由学习过程、教学过程和评价、反思过程这三种活动过程交织在一起。提出教育心理学化的人是克斯坦罗琦。捷克的夸美纽斯第一次明确提出教育必须遵循自然的思想。瑞士的裴斯泰洛奇提出教育心理学化。德国的赫尔巴特第一次明确提出把教学的研究建立在心理学等学科基础上。

加涅是在近三十年来的教育心理学或教学心理学的发展及建树中，需要充分肯定和全面认识的人物。他的独特才华在于能如鱼得水地活跃在研究和开发两个领域，并对这两个领域都做出了贡献。他对复杂技能训练所做的研究工作，使我们对训练迁移、问题解决、任务分析等各种教学方式都有了更为深入的理解。他研究知识的获得并由此提出的学习层级理论，促使人们去研究言语连锁、学科内容和课程设计。他所著的《学习条件》一书，颇有见地地阐明了人类各种学习和教学方法的联系，从而激起了人们对心理学运用于教学的新的兴趣。加涅在《学习条件》中提出了有关人类的八类学习形式，即信号学习、刺激反应学习、连锁、言语连锁、多重辨别、概念学习、原理学习、问题解决。信号学习是指个体学会对某一信号做出某种一般的反应；刺激反应学习是个体学会对某一认出的刺激做出某种精确的反应；连锁指个体学会由两个以上的刺激反应的某种联结；言语连锁指个体学会以言语作为单位的连锁，其学习条件与其他连锁相似；多重辨别指个体学会对不同刺激互相在物理特征上或多或少的相似性做出若干不同的可以鉴别的反应；原理学习中的原理是由两个以上的概念所组成，它的作用是控制行为；问题解决指一种要求进行内部思维的学习，它需要对早先获得的两个以上的原理做出某种组合，从而获得一种新的所谓的高级规则。

教育心理学理论认为，一个完整的教学设计模式包括九个连续阶段性任务：第一阶段为确定教学目的，教学目的是对通过教学能够获得的理想状态的规定；第二阶段是教学分析，主要包括三种分析手段，即任务归类、信息加工分析和学习任务分析；第三阶段是起始行为及学生的特征，可以通过面谈或测验去了解；第四阶段是制定作业目标，它便于向不同的人进行不同的交流，将教师的教学内容及活动转化为学生的学习结果或获得的能力指标，将有助于教学人员为不同的行为能力设计有效的教学条件，能够对既定的目标是否已达到做出客观的评价和测定；第五阶段为开发标准参照测验题，标准参照测验的基本含义是指根据上一阶段提出的作业目标制订测量手段或工具，其目的在于对经过教学之后设计者预期的作业能力是否已在学生身上发生做出评价；第六阶段是开发教学策略，其含义是指教师或设计人员应在这一阶段着重规划，怎样为帮助学生达到各种预定的作业目标提供适当的外部条件，以支持学习的内部加工过程；第七阶段指的是教材，是指传递教学内容的书面文字材料；第八阶段即形成性评定；第九阶段为总结性评定。① 这些阶段主要发挥了三项作用，即确定教学目的、开发教学、评定教学的效果。

第二节　大学语文翻转课堂教学方法的实施途径

一、翻转课堂与大学语文的结合教学实施方法

教育部高教司颁布的《大学语文教学大纲》指出："在全日制高校设置大学语文课程，其根本目的在于充分发挥语文学科的人文性和基础性特点，适应当代人文科学与自然科学日益交叉渗透的发展趋势，为我国的社会主义现代化建设目标培养具有全面素质的高质量人才。"著者以为，现今的大学语文教育多偏重文学作品的阅读及赏析，这属于"人文性特点"，然而，所谓"基础性特点"的语文应用知识却鲜少涉及。如此一来，便难以使学生在日益复杂的社会中发挥优势。如若大学生对语文课不感兴趣，就更难成为具有人文化素质的高质量人才。

传统的大学语文教学方式之所以无法满足大学生的需求，除了前述原因外，也因大多数的学生自大学毕业后即要投入职场，对他们而言，最为迫切需求的是能够应用于工作场域的语文知识，而非用以涵养心灵的文学美学教育。并不是说文学美学教育不适合在大学中发展，而是这种教育须经长时间培养，无法在短期之内令学生感受其作用，况且学生若对文学不感兴趣，那便是花再多时间也不得见效；加上多年来的语文教育已经给予学生基础性的文学美学教

---

① 钟晓流，宋述强，焦丽珍. 信息化环境中基于翻转课堂理念的教学设计研究 [J]. 开放教育研究，2013 (2): 58.

育，在大学语文教育中应可在更高层次的文学美学教育外，适当增添实用性和工具性的语文知识。因此，欲使学生产生足够的学习动机，就必须将课堂知识与职场需求相结合，这么一来也较能体现《大学语文教学大纲》中所谓的"基础性特点"。

一般来说，本科生的自我表现欲远高于其他阶段的学生，借由翻转课堂的方式，将课堂的主人由教师转换成学生，给予学生表现的机会，在教学及学习的成果上，都将更有效率。那么，大学语文该如何与翻转教育结合呢？

就翻转教育的做法而言，教师必须事先录制课程视频，并于课程进行前上传至互联网供学生观看学习，考量到并非所有教师都具备录制视频的硬件设备，或不习惯面对镜头讲课，所以在做法上可以有所折中。在课时规划上，以一学期 40 至 60 个课时，每周 4 课时，分 10 至 15 周授课为原则。授课方式可区分为理论课与实践课两部分，所占课时均等。理论课仍由教师讲授课程单元重点，并告知学生该单元实践课的课程活动及评量方式；实践课则设计与授课单元相应的课堂活动，让学生上台口头报告，或者实际演练，并以此作为平时成绩的依据。至于授课的内容则应于文学美学教育外增加应用类型的课程，加强学生书面及口语的表达能力。如此不仅可增加这门课的实用性与工具性，也较能引发学生的学习动机。大学语文应用文教育目标应定位在帮助大学生完成学业、立足社会、培养未来合格的社会成员。著者根据自身的教学经验，略举几项具体的教学方法如次。

（一）中国文字概说

文字作为语言及文学的载体，在语文教育中必然是不可缺少的教学项目。使学生认识中国文字的发展及流变，不仅令学生获得相关的知识点，也可借此让学生学习我国传统的人文精神，增强爱国心理。在此单元的理论课程方面，可讲授六书分类（中国文字创造及使用的原则），以及文字的演变，让学生复习先前教育阶段所学习的关于文字方面的知识，课程设计的主要目的是作为知识点的衔接、使学习不致断层，同时结合历代书法名迹进行解说，引发学生的学习兴趣，成效必能更为彰显。

在实践课程方面，可通过课堂活动，考查学生对理论课知识点吸收的程度。教师可选择若干古文字，如甲骨、金文、篆书等，以象形或会意字为主，让学生进行文字猜谜，学生可分组讨论，并使用手机、平板电脑、笔记本等现代化网络工具查找对应于今日书体的文字。分组查找期间，教师可适当地给予提示，协助学生顺利找出答案。

此外，也可令学生查找文字的创造方法或本义，例如请学生利用课余时间查询自己姓名文字的造字原则及本义，以及请学生回去询问家中长辈为自己取名字的缘由和人生期许，而后在课堂上向全班同学介绍自己的姓名本义和由来。如此一来，可以让学生加深吸收课堂知识、了解自己姓名的由来，还能增进与父母之间的亲子关系。又可进一步在学生了解自己姓名本义与由来的基础上，向学生讲解中国古代文人的字号、斋名文化，并请每位学生课后自行思考，为自己取一组有意义的号、书斋名，最后逐位上台跟全班同学介绍。经由这一连串的活动，大抵可创造几个意义：使学生更加认识自己、增强学生的自信心、加深学生对我国文化的认识与认同。

（二）修辞与广告标语

学习修辞的目的，在于使用最简单且精准的文字，表达最丰富的内容，并以此加强读者或听众的记忆。传统语文课在修辞方面，大多通过解说文章中所用的修辞技巧来讲授，或是利用若干个小单元分散在不同课堂做介绍。著者认为在大学语文中，修辞技巧应统整成一个独立的单元，让学生有系统地完整学习如何使用修辞。

在理论课的课堂上，先是整理学生在先前教育阶段所习得的修辞单元，为学生复习相关知识点作为铺垫，例如各类修辞定义、文章例句的说明等，再将教学重心放在现今社会中实际应用的修辞案例，例如广告。广告写作在传媒及其相关专业是相当重要的专业核心课程，"狭义的广告写作是指广告文案写作，即广告作品语言文字部分。广义的广告写作是指凡是在广告活动中，为广告而撰写的文字资料，其中包括广告计划书、广告媒体计划书、广告策划书、广告预算书、广告总结报告、广告调查报告和广告合同等"。[①]

于大学语文的课程里，教师可摘取广告写作中与修辞相关的部分作为课程内容，通过时下流行的广告标语，分析标语所使用的修辞技巧，解释广告标语之所以令人印象深刻的缘由，解说设计广告文案的要点。如广告语言中双关修辞的应用十分普遍，双关修辞的应用体现出语言的多义性和歧义性，让观众借由双关修辞的出现联想到商品和品牌，加深观众对商品和品牌的印象，达到提升知名度的效果，为商品和品牌取得竞争优势，获得更高的销售成绩。在实践课中，先安排学生分组，并针对某项假想商品设计一则广告标语，再上台发表，说明标语所用的修辞技巧、设计理念及预期效果等。如此一来，各组学生仿佛成为各自独立的广告企划团队，众人集思广益，发挥团队精神，在类似游

---

① 曾红宇.工作过程导向的实用广告写作课程设计与实践[J].科教导刊（下旬），2016（08）：88-89.

戏的氛围中完成课堂作业，并因团队创造出的标语而获得成就感。在课程内容中触角延伸至其他专业领域，虽非深入讲解专业内容，但也能起到引导学生扩展视野的作用，进而诱发学生对其他专业领域的兴趣。

（三）履历自传及面试要点

撰写求职履历、自传以及参与求职面试，是所有将要步入职场的毕业生都会经历的过程。然而，这方面的知识在传统语文课中较少提及，学校规划的课程中也少有涉及，对于准备走出校园并步入社会的学子来说，都必须自行摸索。著者认为，履历自传及面试要点的知识，理当属于语文表达的范畴，撰写履历自传为书面表达能力，面试的技巧则是口语表达能力，若能在大学语文中安排是类课程，对学生势必有实质性的帮助。在此单元的理论课堂上，可讲述履历与自传的撰写要点，诸如履历及自传所应包含的内容与重点、形式的重要性、如何站在审查者的角度思考问题等，并让学生实际制作履历表格和书写自传。

在实践课程方面，可让学生分组，每组以三或四人为宜，进行模拟面试的活动。活动可分为几个步骤进行：步骤一，由各组自行讨论，假想开设一家企业，并拟定职缺及征才条件；步骤二，各组抽签交叉配对，并公告企业名称、产业类型及欲征聘之人才；步骤三，每组推举三名面试官及一名求职者，并确定与他组交叉配对的结果，即确认面试官将要面试的对象及求职者欲求取之职务；步骤四，各组讨论面试官所要提问的问题、求职者应聘时的面试策略；步骤五，进行各组交叉模拟面试演练；步骤六，教师针对学生的问题设计、面试时的反应能力、面试时经常遭遇的问题及状况，给予适当的反馈。模拟面试的活动，不仅能活化课堂，使教室内充满活力，更能让学生在如同游戏的演练活动中，习得实用的知识，体现大学语文课的实用性与工具性。

（四）采访编辑与新闻写作

采访编辑与新闻写作看似传播媒体专业学生的专业核心课程，然而实际上通过这种训练，可以使学生的表达能力更为精确。学生进入职场后，或须为自己的工作单位发新闻稿、声明稿等，或须代表公司向客户推销产品，或须定期向上级汇报工作情形，或须向工作团队传达自己的想法，在这些场合中都要求具备提纲挈领的书面及口语表述能力。通过采访编辑与新闻写作的单元，可使学生初步掌握简练语言的表达方法。在理论课堂上，教师可讲述文学与报道的差异、人物采访应注意的要点、新闻事实与新闻价值的区别、新闻写作的文字要求等。

在实践课方面，可令学生分组，设立主题进行校园采访，并撰写成报道与各组分享；或是可以由教师选择若干报道文章并删去标题，让学生即席为其命题，用以训练掌握文章重点的能力。经过几个学期的实际课程操演后，在学期末的学生回馈中可以得知，多数学生普遍认为这种上课模式新奇有趣，有别于过往接触的语文课程，又能够与时事脉动相结合，为往后的职场生涯铺路；但有少数学生感到课业压力沉重，相较于过往单纯听课的学习模式，翻转教育的教学模式在上课之前往往需要花更多的时间精力准备课程，关于这点可能需要教师在上课前为学生多做点心理建设。而分组活动的上课模式也能够培养学生的群体意识，让学生了解群体中每一位群体成员的优点和缺点，互相沟通协调配合完成课堂任务，这对于未来学生进入职场的群体生活也有相当的帮助。

二、"互联网 + 大学语文"翻转课堂教学方法的实施途径

（一）学生成为课堂的主导

在我国的传统课堂中，最终占据主导的还是教师，学生十分被动地听教师安排学习计划和学习内容。这就导致教师对学习的内容十分了解，学生却并不能完全掌握教师的思想，就形成了知识的单向传递。而进行翻转课堂时，教师会主动放手，让学生进行自主的课前预习，了解大致的学习内容，再由学生向教师提问，教师针对学生的疑惑进行有针对性的解决和回答，不仅对学生的学习能力有增强作用，教师也成了学生学习的辅导者，而不是领导者，学生们终于从传统的课堂中解放出来，从被动接受知识到主动学习知识，成了课堂的主导者。这对今后的就业有很大帮助。教师更加了解学生学习能力，也让学生有更多的机会在课堂上表现自己，教学活动会变得丰富多彩。

（二）深入研究大学语文课程的定位

搞清楚大学语文课程开设的意义，明确大学语文课程的定位，对开展"互联网 +"翻转课堂具有十分重要的意义。正如前文所述，教育部高教司《大学语文教学大纲（征求意见稿）》指出，在全日制高校设置大学语文课程，其根本目的在于：充分发挥语文学科的人文性和基础性特点，适应当代人文科学与自然科学日益交叉渗透的发展趋势，为我国社会主义现代化建设培养具有全面素质的高质量人才。大学语文是学习语言知识、文学知识，训练语言能力，提高综合文化素质的基础文化课，也是学生汲取人类精神文明乳汁、陶冶思想情操、增强职业适应能力的人文素质课。这就要求大学语文必须具有很强的应用性和人文性，也为实现"互联网 +"翻转课堂了遵循的依据。

在实施大学语文翻转课堂教学时，必须要以大学的课本作为基础，其他视频教学等的开发作为辅助性教学。学生在自主预习环节过后，教师对重点进行

整理和讲解，因此辅助教学视频中应该包含课本中本节课的重点、难点和整个教学脉络，从而帮助学生提高学习效率。

（三）精心设计教学内容和环节

传统的教学课堂，教师按照严谨的备课模式上课，在学生进行学习时，学习的内容完全被教师的思路牵着走，没有机会提出自己的意见和看法。这种单向的教学模式，对学生思维的发展创新有着很大的阻碍。大学语文翻转课堂可以避免这类问题的出现，给了学生们很大的想象空间。翻转课堂的课程内容由学生掌握，学生能很好地表达自己的思想，也能有针对性地解决课堂问题，可以大大丰富教学内容。

基于"互联网＋"翻转课堂，从课堂教学形式来讲，教师更需要精心设计教学内容，更要注重备课环节，制作完整的教学视频，提供给学生，进行课前的预习，从而提升课堂的教学效果。教师要根据教学内容的目标，制作常规的教学视频，将基本的知识点和教学重点进行详细讲解。更为重要的是要充分利用互联网资源的丰富性和检索的便利性，扩展教学内容，提供相关的知识链接、视频链接等，供学生在课外进行自主学习。基于此，必须从制作视频、拓展内容、提供链接、课前预习检查、课前预习问题解答课堂教学内容、突破重点难点方式、布置作业、检查教学效果等多个方面多个环节进行详细设计，将课堂教学拓展到课外、拓展到网上、延续到课后，从而有效提升语文学习的效果。

（四）开展教学全过程指导

传统的课前预习方式中学生是自主进行预习，教师几乎不参与其中。翻转课堂打破了这一点，教师必须积极参与学生的课前预习。教师提前制作好教学视频，通过即时通信工具发送给学生，使学生提前进行观看和学习，并完成知识面的拓展学习。设计相应的预习题目，运用网络测评技术积累学生在课前预习中存在的问题。课堂教学主要用来突破重点难点，解决学生预习中存在的问题，从而达到提升教学效果的目的。课后，部分学生还存在没有理解的地方，也可以通过即时通信工具反馈给教师，教师具有针对性地进行解答，真正实现个性化教学。基于"互联网＋"的翻转课堂教学，能最大限度地发挥学生的主观能动性，激发学生的学习兴趣。在此过程中教学工作被前置，教师要从课前、课中和课后三个阶段对学生进行全过程的指导，从而提升语文教学的效果。

（五）构建大学语文教学资源库

大学语文教材内容比较丰富，大学语文的教学任务很重。为此，必须构建大学语文教学资源库，整合教学资源，汇聚精品教学内容。大学语文教学资源库建设，有利于整合优秀教师的教学资源，使教师不用为制作视频、寻找资源等耗费太大精力，节省大量的时间用来研究语文教学，提升教育教学质量。同时，教学资源库的存在，有利于学生随时随地进行语文知识的学习，使学生高效利用碎片化的时间来学习，从而增加学生学习的时间，有效提升学习效果。

（六）转变角色创新教育方法

基于"互联网＋"的大学语文翻转教学模式，对教师角色定位和教育教学方式都提出了新的要求。这就要求语文教师从根本上转变角色定位，要从原来的课堂主导地位上转变为课堂的管理者，通过有效的管理，提升学生在课堂学习中的主体地位，发挥学习的主观能动性，开展自主性学习。这就要求教师在教育教学方式上进行创新，改变传统的讲授式教学方式，在课堂上主要解答学生在学习上存在的问题，同时着重传授学生学习的方法和解决问题的思路。要从注重听说读写的传统中解放出来，更注重传授学习方法和解决问题的思路，使学生具备自主学习的能力，从而在大学语文整个教学活动结束以后，依然能进行后续语文知识的学习，进而为学生的终身学习奠定坚实的基础。借助互联网的优势，将大学语文教学延伸到课堂之外，在课堂上积极运用翻转课堂的教学方法，不仅能极大地丰富大学语文的教学内容，更能提升广大学生学习的积极性和主动性，而且能有效提升大学语文教学的效果，充分发挥大学语文的育人功能。

第三节　翻转课堂教学模式的应用原则与策略

一、翻转课堂教学模式在大学语文教学中的应用原则

（一）语文课堂"翻转"，发展能力

对长期从事传统教学方法的教师和接受传统教学模式的学生来说，翻转课堂教学模式是一种全新的教学体验。在短时间内采用这种新的教学模式，不仅给早已习惯传统模式的教师和学生带来种种不适应，还会造成教师讲课不流畅、学生不知所措的尴尬局面，但是翻转课堂作为一种新的教学模式，带给学生和教师的好处远比一时之间的不适应要多得多，学生和教师要敢于接受这种新的教学理念，结合自身的教学实际和学生的思维特点，探索出更加适合自身

的改良形式，为大学语文教学带来变化和发展空间。

就语文课程而言，听说读写是所有语文课程的教学目标，也是学生要掌握的语文学习能力。虽然听说读写彼此之间的教学内容和训练方向有所不同，但它们不可分裂，每一项的训练都在能力上有着密切的联系，只有四大方面同时存在才能构成一个完整的语文课程体系。值得注意的是，在传统的教学模式中，听说读写四方面的教学往往被教师认为是割裂开来的，无论是在授课过程中还是在布置作业时，听说读写总是处于彼此独立的状态，并不存在相互关联的关系。在使用频率上，听、说能力往往大于读、写能力，但是在难易程度上往往相反，读、写能力的难度系数远远超出听、说能力。这种使用频率与难易程度在教学中失衡的现象导致学生在学习中往往无法全面掌握语文课程的学习能力，还会出现能力水平参差不齐，无法实现全面发展的目标。翻转课堂的教学模式则打破了这种不均衡的现状。在课前的视频学习和课堂上的讨论互动中，会调动起学生各方面的学习机能，真正实现听说读写能力相互交融、相互联系的教学场景。这就可以大大提高学生的综合学习能力，促进学生语文课程全面提高。[1]

（二）语文课堂"翻转"，坚守本真

"语文本真"指的是语文课程本身所具有的"语文味""真语文"。语文课程作为我国教育中最基础的学科，起的作用不仅在于读书写字，还在于传递博大精深的文化，弘扬我国的母语文化，因此这就决定语文课程应该在提高学生学习能力的基础上，不断拓展学生的知识面，体现出其本身的特色。在教学过程中坚持"实事求是、求真务实"的精神，在语文课堂上采取适合的教学方法，不能让语文教学变得时髦却虚伪。语文课应有的翻转课堂教学模式在注重学生课前学习、注重学生个性化学习的基础上，还更加注重技术与内容的结合。翻转课堂教学模式的课前学习是由学生观看教师录制的学习视频完成的，所以多媒体技术在其中发挥了很大的作用。值得注意的是，在进行视频设计的基础上，教师有可能出现过于着眼于信息化的平台，在追求视频效果和视频技术方面往往超出了对视频教学内容的追求，这样就失去语文课程的"本真"，使翻转课堂教学模式逐渐演化成流于表面的视频教学，这是万万不可取的。因此我们在进行翻转课堂教学模式教学时，务必要坚守本真，在坚守高质量的教学内容的基础上，正确使用多媒体技术，为整个教学过程锦上添花。

---

① 陈珍国，邓志文，于广赢.基于FIAS分析模型的翻转课堂师生互动行为研究以中学物理课堂为例[J].环球教育展望，2014(9):21.

（三）语文课堂"翻转"，学生为本

"以生为本"不仅是传统教学模式的教学理念，更是翻转课堂教学模式的教学理念。翻转课堂教学模式突破了原有教学模式的缺陷，把学生放在课堂教学的主要位置，教师在整个教学过程中发挥着引导、解惑的作用，改变了过去填鸭式、灌输式的教学模式，学生在课堂上有充分的自主权和发言权，讨论互动都是学生进行自我思考的方式。但是，在翻转课堂教学模式中教师是否真的从学生角度出发进行教学呢？在运用这种模式进行教学时，学生在课前预习模块中需要根据教师提前录制好的教学视频进行学习，这一教学手法的出发点是好的，是为了让学生更了解所学的知识点，但是对大多数学生来说，这是一种多余的方法，占用了学生大量的课外时间，学生在课堂外的学习压力在无形之中增大。这样学生需要花费大量的时间用于观看学校教学视频，而自身用来阅读课外书籍、进行生活积累的时间就会被无形压缩，这在一定程度上违背了语文课程的教学理念，也没有体现出以学生为本的教学出发点。因此，教师在运用翻转课堂教学模式教学时，要学会把握好课前学习视频的时长和内容，在尽可能短的时间内，突出学习重点，为学生进行其他语文课外活动创造充足的时间，以减少课外学习压力。

二、翻转课堂教学模式在大学语文教学中的应用策略

（一）语文课阅读训练中翻转课堂教学模式的应用

在语文教学过程中，最重要的就是阅读课的教学。阅读课教学在语文教学中占据了很大的比例，并且现阶段大多数语文教材都是按照阅读的难易程度划分的，因此我们在进行语文阅读训练教学时，要在众多的阅读切入点中，找到最容易理解、最能够吸引学生的角度作为课程导入内容，只有这样，才能够迅速提高学生的课程代入感，在短时间内提高知识的传授效率。

（二）语文课听、说训练中翻转课堂教学模式的应用

虽然在语文课程的听说读写能力中，听、说是相对而言最容易掌握、难度较低的语文能力，但是随着近年来各大高校的招生计划不断扩大，人员跨地区交叉流动，各省市的学生由于地域性、习惯性不同，在汉语文化方面的掌握程度也存在很大差别。尤其是在汉语语言方面，各地方言各具特色，但都和标准的普通话相差甚远，因此必须要加强语文课程的听、说训练。在翻转课堂教学模式中，可以很好地为学生进行汉语听、说训练。在课前学习阶段，教师可以将文章的优秀朗读版本的视频和音频上传至教学平台，让学生在正式上课前可以感受到朗读的文学魅力，激起学生朗读的兴趣，同时在听名家朗诵的时候，

学生可以发现自身的字音错误，起到事半功倍的作用。在课堂的学习过程中，教师可以通过课堂设计，让学生进行角色扮演，分别以文章中不同人物形象进行朗读，不仅可以增强学生对课文的深刻理解，还在一定程度上提高了学生的听说能力。

（三）语文课中写作训练环节翻转课堂教学模式的应用

对于写作训练，翻转课堂教学模式依旧可以发挥巨大的作用。语文课程中的写作训练是一个长期积累锻炼的过程，其中包含着许多小而杂乱的写作手法和写作技巧，如修辞、描白、前后呼应等。这些细小的知识点需要教师采取多样化的手段融入课堂之中，如教师可以把这些知识点做成简单的微视频，分成对不同的主题进行微讲解，不仅可以提高学习内容的趣味性，还可以提高学习效率。例如，在读后感写作训练上，教师可以从教材中选取一篇优秀的文章作为讲解对象，在课前学习阶段，可以让学生了解到文章的主题大意，还可以让学生在文章中找到自己觉得受到感动的地方，并在课堂讨论阶段，自由发言，谈谈这篇文章中有哪些触动自己的地方，为读后感写作训练积累丰富的素材。最后，教师应适当地对学生的发言进行总结，对学生有疑惑的地方进行答疑，在此基础上进一步升华文章的主题，将其与我们生活中的一些哲理联系起来，提高学生的审美能力。翻转课堂教学模式下的写作课教学设计从单纯的知识传授到联系学生实际，努力提高学生能力；注重学生对知识的接受情况，争取让每个人都参与到课堂活动中来；评价方式从单一转向多元，给学生更多的自主探究、展示自我的平台，使学生人文素养有了大幅提高，真正爱上了语文课堂。

第四节　翻转课堂在教学改革中的创新

一、基于易班优课平台的大学语文翻转课堂教学创新

（一）利用易班优课平台开展大学语文翻转课堂的优势

易班是一个面向高校师生提供教育教学生活服务、文化娱乐等综合性互动社区，融合了论坛、博客、话题等 Web2.0 应用，加入了为在校师生定制的教育信息化一站式服务功能，并支持 WEB、手机客户端等多种访问形式。自 2014年正式启动以来，易班已在包括北京、上海、江苏、福建、广西、广东、四川、湖北、陕西、甘肃、宁夏、内蒙古、新疆生产建设兵团 26 个省区市的 749 所高

校开展共建。其是高校开展思想政治教育、学生日常管理服务、校园文化建设的新平台，是网络时代高校教育服务学生的新手段、新途径。

优课 YOOC 是易班网的在线学习平台，具有课程资源多样化、教学工具多元化、服务管理个性化的特点。易班优课对高校师生免费开放，在使用过程中不收取任何费用。采用实名制注册的方式，建立线上易班班级进行管理，教师可以跟踪到每个学生的学习进度。优课平台采用 IMS 在线教学管理系统，在易班课群中可以一键式开展话题讨论、学习资料上传、随堂测验、在线作业等。在进行大学语文翻转课堂中，教师可以很方便地建立课群，进行课堂"翻转"。同时，优课平台的易班学院中汇集了优质教学课程，为翻转课堂的开展提供资源支持。利用易班优课平台开展大学语文翻转课堂有着其他网络学习平台不可比拟的优势。

（二）利用易班优课平台大学语文翻转课堂模式的构建

将易班优课平台和线下课堂融合可以构建课前知识自学、课堂问题探讨、课后个别辅导与教学评价的大学语文翻转课堂模式。其包括以下环节。

1.课前知识准备与知识传授环节

在课前，大学语文课教师登录易班优课平台，建立课群，邀请学生加入课群，设置学习委员、课代表为管理员，帮助管理课群。利用优课课群功能下达学习任务和要求，将学生需要提前学习的基本理论知识，如文学作品作者的背景、个人经历，作品内涵的分析等的视频、PPT、音频、电子书等学习材料上传到学习资料区，在这个过程中，还可以充分利用易班大学平台，将站外优质的相关课程资源接入。同时，教师准备好课前测验的题库上传，创建题库，供学生自学后进行检测，学生在课前登录易班优课平台，进入大学语文优课群，根据老师的任务安排，自学课程相关内容，学完后可进行在线考试，明确自己没有学懂的地方，在话题区还可以和老师同学对某一些知识点进行探讨交流。教师可以根据学生们进行讨论的话题热度，了解到学生学习过程中遇到的难点。在这一环节，通过线上平台将知识传授环节前移。

2.课中合作探究与知识内化

在线下课堂中，在学生已经自学了的基础上，教师组织同学们对课程内容的重难点、学生们在线上平台学习过程中遇到的难题进行探讨，采用小组讨论、互相答疑的方式，鼓励学生相互交流、积极思考、大胆表达。如可以让学生们以小组为单位，选取感兴趣的熟悉的内容，制作 PPT，上台讲解。教师适当地对重难点进行解答，对学生们的发言进行点评，对课程内容进行总结，对知识进行深化和拓展。在这过程中，充分调动学生们的积极性，激发学生的潜能，教师从主演变为导演，引导学生去体验和感受中国语文的魅力，去锻炼自己的表达交流能力，促进学生将知识学习内化为真正的能力和思想。

3.课后个性化辅导与知识拓展

课后，教师和学生可以通过利用易班平台的通讯功能进行一对一交流，开展有针对性的课后辅导和学习指导。弥补课时的限制，拓展教学的时间和空间，照顾到教学对象的个性化和差异性，更能通过加强师生的课外交流，拉近师生距离，增进师生情谊，反过来又有助于学生积极参与课堂互动，提升教学效果。教师还可以通过易班优课课群在线作业的功能，布置课后作业，要求学生进行拓展性的课外阅读，进行写作训练等。按时完成在线提交，教师则可以在线进行批阅点评，从而达到巩固和拓展知识，强化教学效果的目的。

4.过程评价与多元评价

在易班优课平台，教师可以设定课前学习中查看教学资料、参与话题讨论、参加课前测评各项活动在成绩评定中所占的比重，系统会根据学生在自学环节中各个项目的完成情况自动评定学生们的自学成绩。在此基础上，综合课堂教师的评价和学生们之间的相互评价及课后考试测验的评价结果，形成更客观更科学的过程性和多元化的评价机制。教师可以根据评价结果，跟踪学生的学习情况，实时调整课程进度，完善课程内容，弥补传统课堂完全依靠期末考试进行结果评定和反馈的效果的滞后性和不客观性。

（三）利用易班优课平台开展大学语文翻转课堂的思考

大学语文作为高校公共基础必修课，受到课程"应用型""实用性"观念的影响，出现被边缘化、课时安排少、学生不重视的现象。利用易班优课平台进行大学语文翻转课堂教学，将知识传授环节前移至课前，学生自学完成，大大节约课时。通过要求学生课前自学，课堂合作探讨，变被动学习为主动参与，能调动学生积极性，发挥学生主动性。课后个性化辅导能打破时空限制，加强师生交流，强化教学效果。可以说这种线上线下相结合的混合式的翻转课堂模式是非常值得探索的，但是由于我国传统教学模式根深蒂固，教师、学生在经过长时间的传统课堂学习后很难适应翻转课堂的模式，在进行大学语文翻转课堂教学改革中尚需要注意几方面的问题。

1.教师要苦练"内功"，提升专业素养和综合能力

在基于易班优课平台的翻转课堂中，教师是整个教学过程的设计者和组织者，从易班优课平台的操作到课前优课平台上的视频、PPT的制作，题库的筛选，到课堂上组织学生探讨，知识拓展与总结，课后开展针对性辅导都需要教师具有扎实的专业知识基础、良好的课堂把控能力、渊博的学识、较好的信息

技术等，这些基本功是开展易班优课平台上大学语文翻转课堂的前提。因此教师要不断加强学习，丰富知识储备，提高信息技术素养，增强教学组织能力，才能更好地应对易班平台上大学语文翻转课堂带来的要求与挑战。

2.充分发挥学生的主动性

在易班优课平台上开展大学语文翻转课堂教学过程中，要充分尊重学生的主体地位，相信学生的能力。让学生在自主学习、合作探究过程中，不断培养思考能力、语言表达能力、团结协作能力、解决问题能力。我国著名教育家匡明先生说过，"大学语文不仅要让学生掌握基本的语文知识，培养学生鉴赏语文作品的能力和语言表达能力而且要在大学语文教学中传承和发扬中国传统文化，以期能够培养出道德素质较高的综合性人才，激发学生的爱国热情"。充分发挥学生学习主动性，让学生变被动学习为自主学习，才能让他们在大学语文课程之外去关注中国传统文化，主动吸取中国语言文化博大精深的营养，提高人文修养，树立本民族的文化自信和民族自豪感。

3.教改要循序渐进，根据学生实际情况进行调整

一直以来大学语文教学基本上都是采用传统的"教师讲，学生听"的教学模式，在采用利用易班平台开展翻转课堂的教学改革过程中，要根据实际的教学内容和基于过程化和多元化考核机制反馈的教学效果，进行教学模式的调整和结合。如在教学初始阶段，利用易班优课平台，上传一些课程内容相关视频，如文学作品作者的介绍、文学作品改编成电影电视剧的经典片段，吸引学生的注意，激发学生的兴趣。随着课程的进展，再逐步进入翻转课堂模式，将教学内容以线上任务的形式，要求学生自学，然后再到课堂上的学生分组讨论，合作探究。循序渐进，帮助学生慢慢适应新的教学模式。在教学过程中，也需要根据学生的反馈与评价，调整教学方式。如根据学生在易班优课平台的学习测验中反馈出某一学习内容比较难懂，学生自学比较难以达到良好效果，教师在教学中就要调整课堂讨论与教师讲解的时间分配，增加教师讲解时间。

二、基于翻转课堂的线上线下（OTO）混合式课程教学改革创新

（一）原有的课程教学模式

在原有的教学模式下，学生被动地听讲和观看，由于学生存在个体化差异及接受程度不同，教师的课堂讲授和操作演示无法兼顾满足所有学生的需求；课堂讲授和操作演示会占用较多的课堂时间，之后学生才进行计划制定和检测实施，学生为主体的时间受到挤压，导致学生并未成为有效的学习主体，最

终的教学效果并不理想，学生将知识内化及知识转化为解决问题的能力大打折扣。

（二）基于翻转课堂的线上线下混合式课程教学模式

混合式学习是一种将传统面对面讲授学习方式的优势与电子（化）学习优势相结合的一种学习方式，既强调教师的主导作用又体现学生的主体地位，广受研究和倡导，是当前教学研究的热点。翻转课堂则是将知识传授和知识内化两个阶段进行颠倒，知识传授也即教师的教借助于各种信息化技术手段由学习者在课前完成，课中时间主要进行（教师促进和帮助学生）知识内化也即学生的学，实现教师主导而学生为主体的一种教学模式。[①]

1.打造"三精四用"平台，奠定混合教学基础

为了推进和开展基于翻转理念的OTO混合式教学，需要借助平台、需要丰富的素材资源、需要合理的教学设计。平台采用了高等教育出版社的"智慧职教（ICVE）"，在智慧教育平台上对本课程的建设首先遵循精细分析原则，充分考虑和分析不同类型用户的需求，以做到满足用户所需；其次遵循精良素材原则，在资源库素材中心本课程各节点下创建了类型多样粒度大小适中的、碎片化的精品资源600余条，并凸显虚拟仿真、动画、视频类资源及AR等技术的应用，着力解决教学中的重难点；最后遵循精心设计原则，结合近十年的教学经验积累，在平台上调用各类精良素材，重构排列创建微课，在微课组成的视频中或者其中某个教学活动完成后，可以穿插设置微练习或微测验，一般为填空、选择、判断等题型。再以一定数量的微课作为基础建设在线课程，做到能学辅教，奠定实施翻转、线上学习的基础。

在课程使用上应立足于够用、能用、易用、适用的四用原则，即课程对应各节点的素材资源首先要满足用户所需，应够用。够用基础上必须存有一定冗余，以满足不同类型、不同个体学习需求。其次，对用户要能用、易用，即每一节点的资源、微课要确保用户根据自身喜好通过不同的方式访问平台时均能使用，对特定资源或微课的检索应简易可行，能实现快速定位。最后要适用，主要体现为展现在各类用户前的资源内容正确无误、符合标准，符合学习者的要求。

2.实施OTO混合式教学，"三动三效"促转变

基于翻转理念的OTO混合式教学分为三个阶段。

第一阶段：课前线上知识传授。对于教学内容教师应提前告知学生，在实

---

① 赵兴龙. 翻转教学的先进性与局限性 [J]. 中国教育学刊，2016（4）：65-68.

践中采取提前一周发布的原则，通过电子邮件推送、学习群、短信发送三种方式进行发布，逐次提醒学生应完成的学习任务。学生接受任务后采取计算机或手机 App 客户端访问的方式通过 ICVE 在课前以线上学习的形式完成知识的学习。这一阶段，对于授课教师，解决了课堂知识传授过程中面对较多学生填鸭式教学、学生个体和层次不一效果差异大的弊端，教师通过平台加以督促，主要采取设置完成任务学习时间节点，通过平台的后台数据记录来确定学生是否在规定的时间节点前完成学习，对于滞后学习的学生及时予以警告和记录，确保将课前的知识传授落实到位，并作为课程考核的一部分。

对于学生，在平台上可以依据自己的喜好来选择时间、地点和方式学习，只需在规定的时间节点前完成即可，完成规定的内容之外还可以根据自身所需选取课程节点中的冗余资源进一步学习，实现个体化、个性化、差异化学习。本课程在初始采取该方式进行教学时，学生存有较多的不适应，此时教师要充分发挥主导教学的作用，通过平台去帮助带动学生顺利地以线上学习方式完成课前的知识学习。同时，通过这一阶段的实施也能促使学生逐渐养成学习自觉性、自主性，能在课前规定的时间内完成学习。

第二阶段：课中线下学习。注重于知识内化，也即知识的应用，基于知识传授在课前的线上学习中已经完成，课中更多的时间交给学生，以检测实施为主，学生成为课中的主角，其学习积极性有很大提高，此时教师只需做好巡回和课堂把控，更有针对性地指导学生，教师仍然主导教学，但主体变成了学生。同时在课中的小段分块空档时间可通过精心设计辅之以提问互动、难点答疑等活动，来着实解决学生在知识传授中存在的疑问及在知识内化应用中的不足之处，但要更多地鼓励和指导学生对存在的问题自行利用平台查阅相应的素材、微课来解决，推动学生实现有效学习。由此既解放了教师，也激发了学生的学习积极性、主动性，训练和提高了学生解决问题的能力，还解决了原有模式下交由学生为主体的课堂时间不足而导致难以确保完整实施检测的矛盾。

第三阶段：课后知识巩固。仍然借助于平台和学习群，充分挖掘和使用平台的互动功能，以线上师生互动的方式进行，既实现对学生的统一化、普遍化帮助，也能实现对个体化的精准帮助。在这一阶段主要解决三大问题。一是对于少数学习能力相对较弱的学生，在经过知识传授和知识内化阶段仍未能完全掌握，督促、鼓励和帮助他们反复多次观看对应的微课或是节点中适宜于他们学习的相关资源；二是对于部分学生满足其多元化、个性化需求，当学生认为提供的微课内容不适合或是所学内容较简单需要加深难度时，指导学生选择适合的素材进行学习；三是帮助学生完成检测报告的撰写或其他课后活动。

通过这一模式下三个阶段教师为主导、学生为主体的教学，逐渐实现由教师利用 ICVE 带动学生学习，取得成效的初级阶段，过渡至学生养成习惯适应这一模式学习，推动其有效学习，到最后实现学生能在 ICVE 上主动学习、高效学习，促使学生实现从"要我学"到"我要学"的转变。

（三）基于翻转课堂的线上线下（OTO）混合式课程教学改革创新成效

在按照新模式进行教学实践的同时，采取对比研究法，在同期平行教学的另一个班级中仍采用传统模式进行教学，通过最终采取相同标准的期末考核，两个班级差异巨大。新模式下教学实施的班级其成绩显著高于原有模式下实施教学的班级，班级中 80 分及以上的优良率为 77.1%、平均分为 83.9，而对比的班级优良率和平均分仅分别为 33.3% 和 73.1。即使考虑到不同班级学风差异会有一定的影响，但考核结果上的巨大差异仍表明此次教学实践取得了很好的教学成效。

在新模式下完成课程教学实践，对实施班级的学生进行了问卷调查，针对教学成效的问题从中可以看出学生对采取这一模式教学及其有效性的认可度高，表明此次教学实践得到了学生的肯定，也进一步印证了两种不同模式下教学班级之间巨大差异的必然性。

参考文献

[1] 倪文锦. 新编语文课程与教学论 [M]. 上海：华东师范大学出版社，2006.

[2] [美] 杜威. 学校与社会·明日之学校 [M]. 赵祥麟，译. 北京：人民教育出版社，
1994.

[3] 王川. 西方经典教育学说 [M]. 成都：四川人民出版社，2005.

[4] 周洪宇. 陶行知生活教育学说 [M]. 武汉：湖北教育出版社，2011.

[5] 刘正伟，宋灏江. 中国现代语文教育史的辛勤开拓者——顾黄初先生现代语文教
育史研究述评 [J]. 忻州师范学院学报，2003(6): 48.

[6] 王长江，李卫东. 概念为本的教学设计：理论框架与实施建议 [J]. 教育理论与实践，
2012(26): 15.

[7] 梁方君. 建构主义学习论及其对当前教学改革的启示 [J]. 佳木斯大学社会科学学
报，2013(3): 78.

[8] 杜爱红. 建构主义学习理论对大学英语教与学的影响 [J]. 江西金融职工大学学报，
2006(3): 42.

[9] 刘宣文. 人本主义学习理论述评 [J]. 浙江师范大学学报 (社会科学版)，2002, 27(1):
90.

[10] 崔允漷. 促进学习：学业评价的新范式 [J]. 教育科学研究，2010(3): 11.

[11] 杨兰. 权力、协商与教师的课程决策 [J]. 教育发展研究，2009(20): 48.

[12] 南国农. 教育信息化建设的几个理论和实际问题（上）[J]. 电化教育研究，
2002(11): 3.

[13] 何克抗. 对美国互联网与课程整合理论的分析思考和新整合理论的建构 [J]. 中国
电化教育，2008(7): 10.

[14] 顾德希. 谈语文的电化教学 [J]. 中国电化教育，2003(9): 64.

[15] 韩孟华，王春清. 教学反思的意义、内容、方法与途径 [J]. 齐齐哈尔师范高等专
科学校学报，2007(4): 94.

[16] 向昆，奚建武．网络时代与网络的社会文化价值——"网络与当代社会文化"研讨会综述 [J]．毛泽东邓小平理论研究，2001(2): 103.

[17] 孙建明．20 世纪前期语文教学模式论略 [J]．湖州师范学院学报，2018 (1): 72.

[18] 赵兴龙．翻转教学的先进性与局限性 [J]．中国教育学刊,2016(4):65-68.

[19] 黄复生，魏志慧．高等教育的国际化与多样化——访加拿大高等教育知名学者格兰·琼斯教授 [J]．开放教育研究，2008(3): 8.

[20] 孙蔓红．我国语文课堂教学模式的变迁 [J]．江苏教育学院学报 (社会科学)，2010(7): 137.

[21] 刘成新，王焕景，褚晓红．立体化课程建设的研究与实践探索 [J]．电化教育研究，2006(11): 48.

[22] 丁建英，黄烟波，赵辉．翻转课堂研究及其教学设计研究 [J]．中国教育技术装备，2013(7): 91.

[23] 钟晓流，宋述强，焦丽珍．信息化环境中基于翻转课堂理念的教学设计研究 [J]．开放教育研究，2013(1): 58.

[24] 何克抗．从翻转课堂的本质看翻转课堂在我国的未来发展 [J]．电化教育研究，2014(7): 16.

[25] 何朝阳，欧玉芳，曹祁．美国大学翻转课堂教学模式的启示 [J]．高等工程教育研究，2014(2): 1481.

[26] 吴泳玲．项目教学法的理论与实践研究 [J]．肇庆学院学报，2012, 33(4): 93.

[27] 徐明友．项目教学法的实施过程和实施要件 [J]．韶关学院学报，2012, 32 (10): 94.

[28] 朱枫．国内项目教学法的研究——兼谈项目教学法对中国外语教学的适用性 [J]．教育理论与实践，2010(9): 54.

[29] 张金磊，王颖，张宝辉．翻转课堂教学模式研究 [J]．远程教育杂志，2013(2): 73.

[30] 王蔚，孙立会．翻转课堂教学模型的设计——基于国内外典型案例分析 [J]．现代教育技术，2013(8): 5.

[31] 钟晓流，宋述强，焦丽珍．信息化环境中基于翻转课堂理念的教学设计研究 [J]．开放教育研究，2013(2): 58.

[32] 陈珍国，邓志文，于广赢，等．基于 FIAS 分析模型的翻转课堂师生互动行为研究 以中学物理课堂为例 [J] 环球教育展望，2014(9): 21.

[33] 赵欣．论语文教学中的人格教育 [D]．济南：山东师范大学，2006.

[34] 叶丽新．信息技术与写作教学整合研究 [D]．上海：华东师范大学，2005.

[35] 郭立亚．语文课程标准研究 [D]．长春：东北师范大学，2003.

[36] 郑蔚萍 . 论叶圣陶的语文教育思想 [D]. 福州 : 福建师范大学 , 2001.

[37] 苇丽梅 . 项目教学法在计算机程序设计课程中的应用 [D]. 上海 : 华东师范大学 , 2011.

[38] 张超超 . 大学语文课程价值研究 [D]. 太原 : 山西大学 , 2014.

[39] 刘汭雪 . 生态学视阈下的大学语文教育研究 [D]. 重庆 : 西南大学 , 2016.

[40] 常建宝 . 微课在大学语文课程教学中的应用研究 [D]. 桂林 : 广西师范大学 , 2016.

[41] 张丹绮 . 《大学语文》课的德育功能研究 [D]. 太原 : 太原科技大学 , 2014.

[42] 彭书雄 . 基于人文素质培养和语文能力提升的大学语文教育改革论 [D]. 武汉 : 华中师范大学 , 2006.

[43] 李君 . 大学语文教材研究 (1978—2008)[D]. 天津 : 南开大学 , 2010.

[44] 贾莹 . 大学语文课程定位与目标研究 [D]. 长春 : 东北师范大学 , 2011.

[45] 王安琪 . 翻转课堂在初中英语语言技能教学中的应用——以 A 中学暑期实验班为例 [D]. 上海 : 上海外国语大学 , 2014.

[46] 李航宇 . 当前大学语文教学实施人文素质教育的主要问题与对策研究 [D]. 长沙 : 湖南师范大学 , 2011.

[47] 张妍 . 大学语文课程改革研究 [D]. 扬州 : 扬州大学 , 2009.

[48] 朱媛 . 母语危机下的大学语文教学策略 [D]. 武汉 : 华中师范大学 , 2010.

[49] 文智辉 . 深度学习理念导向下大学语文翻转课堂设计与实践 [D]. 长沙 : 湖南师范大学 , 2018.

[50] 李小琼 . 中国大学语文教材选文问题研究 [D]. 长沙 : 湖南师范大学 , 2009.

[51] 张琪 . 五本"大学语文"教材比较研究 [D]. 扬州 : 扬州大学 , 2009.

[52] 梅健 . 大学语文与中学语文教学衔接问题初探 [D]. 重庆 : 西南大学 , 2005.

[53] 杨坤道 . 论当前大学语文教学中存在的问题及解决办法 [D]. 武汉 : 华中师范大学 , 2005.

[54] 王继红 . 大学语文课程性质与教学目标研究 [D]. 长春 : 吉林大学 , 2008.